波士顿咨询工作法

工作法

精准预测答案

〔日〕内田和成——著

林慧如——译

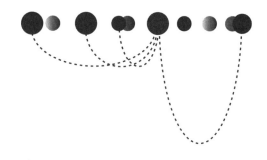

中国友谊出版公司

目　录

第2章　运用假说

第 5 章 提升假说思考能力

结　语　本书总结

前　言

"波士顿咨询公司（The Boston Consulting Group，以下简称BCG）的企业管理顾问工作效率很高"，曾有客户如此夸赞。

当时我认为，企业管理顾问平时在分析能力与逻辑思考能力方面训练有素，再从性质相近的工作中累积丰富的经验，从而成就了高水平的工作效率。

可是，仔细观察周遭同事的工作状态之后，我发现分析能力高超的人未必能成为优秀的企业管理顾问。有些顶尖的企业管理顾问，他们的分析能力反而不尽如人意。但是，整体来说，优秀的顾问总是能够比别人早一步看出问题所在，或是能迅速提出解决方案。看来，这其中的差异不在于分析能力或信息搜集能力等技术层面，而在于思考模式与工作方式。这让我的想法从此改变。

回顾菜鸟时期的自己，人称"从小处着眼的男人"，因为我善于分析细节、头脑灵活，不时有好点子产生。然而，对于重要的工作，即身为企业管理顾问的重责大任——全面掌握解决问题的核心关键，却总是使不上劲。我从不放过能搜集到的资料，分析时也比别人加倍用心，无奈的是分析结果总是派不上用场。于是，我陷入了更加卖力地搜集资料，更彻底地分析问题的恶性循环当中。要掌握问题核心，往往需要耗费漫长时日，甚至在逼近问题核心之前，早已超过规定的期限。

将笔者从这个恶性循环解救出来的，是资深顾问教给我的"假说思考"。所谓"假说"（hypothesis），是指在搜集资料过程中、着手分析之前的"暂时性答案"。"假说思考"是一种思维模式或者说是习惯，即从信息还相当有限的阶段起，就不断思考问题的全貌与结论。或许各位读者听不习惯这个词，其实除了BCG以外，整个企业管理顾问界都如家常便饭般地使用着"假说"一词。讨论事情的时候，往往问"你的假说是什么?"，或说"我的假说是……"。

我发现在进行假说思考时，工作会不可思议地进行得很顺利，正确率也大为提高。而漫无目的地搜集信息，不仅会拖累工作进度，更无益于提高正确率，甚至会被信息洪流淹没。

或许有些读者认为，那是经验丰富的商务人士或训练有素的企业管理顾问才具备的本事，自己怎么可能办得到? 不过，在我看来，"不具备丰富的经验或企业管理顾问的工作经验，就无法培养尽早获得结论的思考能力（假说思考能力）"，只要一天不根除这种想法，就一天不会进步。假说思考能力是通过边做边学培养出来的。

刚开始时，你建立的假说未能击中核心不足为奇。人类就是如此有趣，懂得从失败中吸取教训，会思考为何失败、为何不顺利、下次该在哪个环节进行修正，或是采用其他做法，在试错的过程中不断进步。随着失败经验的累积，假说思考得以持续进化。

希望本书能够给予工作经验尚浅、效率欠佳、判断力不足者，甚至具有相当丰富的工作经验却苦于无前瞻力或决断力，希望能进一步提升领导能力的各位些许帮助。

内田和成

序　章

什么是假说思考

信息够多，就能确保决策正确吗

职场工作者每天都在解决不同问题，比如"如何改善收益？""如何提高研发能力？""如何在全球化竞争中克敌制胜？""如何保持企业组织的活性？"等等。企业需要面对的课题不一而足。

职场工作者普遍相信，信息越多，越有助于做出好的、正确无误的决策。因此，他们需要竭尽所能地搜集信息以判断事情的本质，而为了解答随之浮现的问题，必须再次搜集信息，周而复始地进行上述工作。

从某种角度来看，这和计算机下棋有异曲同工之处：先推算对局内所有可能的变化，再从中选择最优棋步。商务实战也是同样的道理，如果人类采取和计算机一样的策略，用凡事先调查完备的方法做事，绝对不可能让工作顺利进行。

及早建立假说，工作才能顺利进行

具体来说，一般常发生的情况是：在广泛搜集信息的过程中，时间迅速流逝，导致最重要的决策迫于期限，在"就这样吧"

的状况下草草定案；或是在正要进行决策时，才发现需要的资料不够完整。因此，在时间或资源的限制之下，搜集到许多信息之后再找出答案的做法是行不通的。

事实上，精明干练的人通常比别人早一步找出答案。

他们在信息尚不充足或是分析未完成的阶段，就有自己的一套解答。我们一般称这种暂时性的答案为"假说"。越早建立假说，越能顺利进行后续工作。说得更明白一点，工作效率高的人拥有与众不同的思考模式，那就是即使信息有限，也能比别人更迅速而准确地看出问题点并提出解决方案。

反观效率不佳的工作者的共同点，就是没头没脑地拼命搜集资料。至于何为因、何为果，也说不出所以然。总之，只要信息不充足，他们就没办法做出决策。

当下"最接近答案"的解答

本书一再出现的"假说"一词，在企业管理顾问界被大家天天挂在嘴边，而一般人未必熟悉。恐怕不少人需要唤起学生时代做实验或写毕业论文的回忆。

所谓假说，顾名思义就是"假设的说法"，在企业管理顾问界，是"未经证明但最接近答案的解答"。

虽说是解答，严格来说有时指解决方案，有时则指问题。商务不比学校，在学校，通常能够清楚界定问题进而找出解答，但是在商务中，经常需要从"确认究竟什么是问题所在"做起。这个问题设定的步骤一旦出错，就算提出的解答再怎么精辟，仍然无法解决问题。

这么说或许让人感到浑身紧绷，其实也没什么。对"假说"感觉陌生的人，其实在日常生活中也会不时用到假说。就拿雨天的例子来说，很多人有过这种经验：下雨天人们一般懒得出门，所以餐厅应该没什么人，于是一家人外出去餐厅用餐。如果到了餐厅一看，店内生意冷清，就代表自己的假说正确无误，于是下回可以把"下雨天餐厅门可罗雀"这个前提作为行动依据。反之，到了餐厅看到的也可能是完全有别于想象的人声鼎沸的景象。这种情况就证明原先的假说——"下雨天餐厅门可罗雀"是错误的，或许是因为人们都这么想，反而导致"下雨天餐厅门庭若市"，又或者是因为"天气与餐厅生意无关"。这就是假说思考。

如何培养假说思考力

运用假说的思考方法（以下简称"假说思考"）是职场工作者最重要的能力之一。培养假说思考的能力有助于迅速、准确地厘清问题本质，导出解决方案。

本书拟聚焦下列四点具体阐述。

· 培养假说思考能力有何好处？

· 如何建立假说？

· 如何验证假说，使假说得以进化？

· 为提升假说思考能力，平时应如何做？

如今，最大的风险是什么都不做。不断地搜集信息以增加选择项，却迟迟不做出决策，这样是不行的。搜集信息并非要滴水不漏，而是要在有限的信息中，根据假说思考做出最适合的决策。凭借有限信息下结论，乍听之下有违常识，然而，唯有这种思考方式是在商业领域中获得成功的捷径。

第 1 章

首先，要有假说

1.1　为何需要假说思考

解决问题的速度倍增

所谓假说思考，是指凡事以答案为起点的思考模式，也可以说是在最短时间内找出最优解的方法。

在工作中，我们每天都要面对林林总总的问题。解决问题时，要想彻底清查所有可能的原因，并一一拟出对策，从现实而言极其困难。

当解决问题的时间受到限制时，若采用上述方式处理工作，往往还未得出成果就已面临最后期限。因此，预先缩小答案范围，即建立假说的重要性可见一斑。

在工作方式中，最重要的是以答案为起点。先提出答案，之后通过分析加以证明，而不是分析完问题点后才得出答案。

人们公认企业管理顾问的工作效率高，事实也是如此。不过，并不是因为企业管理顾问天生拥有高级头脑，也不是因为他们的脑筋转得比别人快。

在培养企业管理顾问的过程中，后天培养而成的假说思考方法，使他们解决问题的速度大幅加快。企业管理顾问被严格要求"必须拥有自己的假说"，同时也不断面临旁人的提问："你的假说是什么？"因为经验告诉我们，以假说为基础的具体行动，是在最短时间内有效达成目标的方法。具体来说，建立假说能够让我们清楚地知道该做什么事情，更能深入思考自己的论点。换句话说，企业管理顾问之所以拥有高水平的工作效率，是出于对工作方式的深入了解。

前言中提到，我自己也经历了上述过程。我刚踏入职场时，被评为"从小处着眼的男人"，善于分析细节，脑筋转得也很快，不时有好点子产生。但是，我始终无法有效掌握大方向与问题核心，例如，分不清楚重要问题的整体架构，对于什么是问题症结、该从何处着手以解决问题等束手无策，很容易陷入"见树不见林"的状况。那时候的我总是把所有想得到的问题点列出来，倾注全力一个个查证，从各种角度加以分析，并广泛搜集相关资料，以致在厘清事情本质上耗费了无数时间，却看不到成效，甚至在切入问题核心之前，就将时间耗费殆尽。我深刻体会到这样下去不是办法，必须改变做事方式。于是我向资深企业管理顾问学习，学会了假说思考的方法，这才能够开始顺利解决问题。

解决问题不是企业管理顾问的专利，每天都有不同的问题等待职场工作者解决。如果遇到问题后，都要先彻底调查所有可能状况再提出解答，那么无论是在时间还是资源上都不允许。因此，对于所有职场工作者而言，"假说思考"是一项重要技能。如果能在有限时间之内，凭借为数不多的信息求得最优解，顺利推展工作的概率一定会大幅提升。

一看就知道答案是什么

以下是企业管理顾问通过经验累积，有效提升假说思考能力，在短时间内做出解答的例子。

假设目前有一例个案，企业领导者为业绩低迷所苦，于是向企业管理顾问求救，希望能就此提出建议方案。关于业绩低迷的问题，往往可以想到许多理由，例如产品比不过竞争对手、失去了消费者的支持，或是因质量问题失信于客户，又或是价格过高失去了竞争力、广告宣传出现问题、业务体系有待检讨……除此以外，问题也可能出在企业领导者本身，或是产业整体的衰退等。

对一个初出茅庐的顾问而言，如果没能彻底检视所有可能性，进而厘清真正原因的话，往往会觉得哪儿都不对劲。然而，随着经验的累积，再应对诸如此类问题时，只要和经营者聊过，到现场看过，对于问题所在就能掌握七八成。事实上，往往在项目正式开始之前，就会知道答案是什么。

例如，我们对于产业现阶段处于成长期还是已迈入成熟期，最近全球市场上的潮流趋势等，已经有一定程度的认知，无须重新检视业绩差是不是受到了产业整体变化的影响。至于其他可能的问题，究竟哪个才是真正元凶，则需要视个别企业的状况而定，通常必须经过一番详细检验才能厘清。不过，随着诊断个案的不断累积，往往可以从一些细微之处一眼看出问题的症结。

例如，到公司参观时，看到员工精神饱满，产品库存管理良好，没有缺货，但是商品却出现了滞销。对于这种情况，问题通常出在商品竞争力不足上。或者，乍看之下商品没什么问题却滞销了，原因往往是渠道策略失当，比如定价策略错误或物流规划不当等。诸如此类的情况，在和企业负责人聊过，实地走访之后，通常能大致看出问题所在。当然也有些时候，企业管理顾问和企业负责人或总公司主管聊过之后，会发现问题出在领导能力或管理制度上。若有机会到卡洛斯·戈恩担任总裁之前的日产汽车公司走一趟，对于这个说法就更能感同身受。

结合来自现场的刺激与经验

然而，凡事很难论定唯一的原因。即便如此，企业管理顾问凭借多年经验还是能够一眼看出问题症结。这绝不是毫无根据的臆测，而是脑中原有的各个不同的"抽屉"，在与企业负责人对谈、实地走访企业的过程中，受到刺激而开启了。换句话说，是经验的累积与眼前的所见所闻相结合，从而得出了答案，绝对不只是凭靠经验法则或灵光一现。更确切地说，是在现场的刺激与过往的经验两者交互之下，才得以找到答案。当然，这些答案未必百分百正确，也有出错的可能性。将成功或失败的种种经验全部加起来，能让我们的直觉更加敏锐，可以说是"假说思考"经过日积月累后的成果。

1.2　前瞻力与决断力的坚强后盾

在前景不明的情况下，职场工作者需要哪些特质

在职场工作者必备的工作能力当中，首先是前瞻力（指洞察未来的能力）、决断力与执行力三大能力。

尤其是企业领导者，处于未来不够清晰的经营环境当中，在某种程度上必须依靠预测未来的能力，日复一日地从事决策与执行的工作。尽管前景不明朗，难以察知企业的未来，但万万不可延至结果明朗时再进行决策。这将导致企业被竞争对手远抛在后，使员工对企业前景感到不安。因此，以现有信息预测未来的能力（即前瞻力），是领导者需要具备的首要特质。

即使具有预测未来的"前瞻力"，至于能否做出决策，考验的更是人的勇气，因为风险如影随形。尤其是当未来越来越不清晰时，人越惶惶不安。尽管如此，还是需要自己做出最终决策。决断力就是身为领导人的第二要件。

尽管决策权在企业领导者，但组织若不跟着运转起来，企业就不会有所改变，遑论向前迈进。因此，动员组织的能力，即执行力的重要性可见一斑。

在与今日同样处于前景混沌不明、对领导学需求甚殷的情形下，19世纪时的普鲁士（现在的德国）将军卡尔·冯·克劳塞维

茨对于领导论也有过类似的阐释。他从普鲁士与拿破仑交手后战败的原因、拿破仑的没落开始进行分析，研究以政治目的为出发点的战争，以及在战争中克敌制胜之道，其研究成果可见于在他过世之后，于1832年出版的《战争论》。该书也被称为"西方军事参谋必读经典"。

在书中，克劳塞维茨对于不确定环境之下，组织领导人应有的作为做了如下阐述："如果想要以精神战胜无法预料的状况，并且在绵延不断的战事中获胜，必须拥有两大特质。一是身处黑暗之中仍保有一线光明，持续探究真相的智识；二是向此一线曙光迈进的勇气。"

如果换个说法，这两项特质就是前瞻力、决断力与执行力。在这三大能力当中，前瞻力和决断力两者与"假说思考"密切相关。换句话说，必须培养即使状况不明也能够前瞻未来、做出决策的习惯。

欧夫特魔法源于假说思考

说到以前瞻力著称的领导人物，我脑海中浮现的是在1993年世界杯足球赛亚洲区预赛中担任日本代表队总教练的韩斯·欧夫特。欧夫特在用人方面素有"欧夫特魔法"的美名。每每在开赛之前，他都会向选手、各家记者发表他对当天比赛过程与结果的预测，结果往往一语中的。

关于"欧夫特魔法"的秘密，他曾在著作《日本足球的挑战》中提到。在 1992 年皇朝杯（Dynasty Cup，2000 年起改为东亚足球锦标赛）足球赛上日本对战中国，这场比赛在北京举行。当时欧夫特对选手做出了这样的指示："比赛开始之后，中国队会发动一轮猛攻，我们可能会落居下风，不过一定要撑过这段时间。接下来，中国队的攻势就会减弱。你们在上半场 30 分钟过后展开反击并得分，让上半场以 1∶0 告终。到了下半场，中国队会试图扳回颓势，因此下半场的前 15 分钟你们要紧紧守住。15 分钟过后，直到下半场结束之前，你们要再攻下一分，以 2∶0 获胜。"

欧夫特的预测准确与否，在几个小时之后得到了所有在场人士的证明。欧夫特神准的预测让众人叹服，然而欧夫特说这并非预测，而是科学。

其实，欧夫特事先已密切观察了中国队队员的出赛情况，对中国选手的特性了如指掌。他们个个体能优异，一旦中国队打出气势，日本队就很难力挽狂澜。不过，只要能守住攻势，中国队的气势就会逐渐减弱。欧夫特就是通过这一特性进行判断，才预测日本队将以 2∶0 获胜。

天才棋手羽生善治，下手决定于一瞬间

职业棋手羽生善治是公认的稀世天才棋手，假如他投身商业领域，也极可能大放异彩。

因为羽生善治是个善于运用假说思考的人。

他的棋风多样、对战技巧多变，棋局结束前的神之一手为他赢得了"羽生善治魔法"的美称。无独有偶，他和欧夫特同样被归类于"魔法"级别，他也同样借由著作《决断力》（日本角川书店出版），揭开了自己棋力的奥妙所在。

羽生善治认为下棋首先需要重视决断力，也就是决策能力。尽管决策必然伴随着风险，但还是要以"见招拆招"的态度果断落子。下棋的每一个当下，决策依据的就是假说思考。

在将棋（日本象棋）的棋局中，每一步棋都存在不下 80 种步法。然而，落子之前重点不在巨细无遗地检视所有可能性，而是首先舍去绝大部分的步法。要凭过去的经验及直觉，在刹那间排除 77 至 78 种步法，只保留剩下的两三种"看似可行"的步法。

这就是所谓的"假说思考"——从 80 个可能性当中，筛选出三个还不错的答案，随后将这 3 种步法套在脑中的模拟棋局里进行检验。换句话说，要大胆建立假说，"看似可行"就出手，而非滴水不漏地确认所有可能性之后才做决策。

羽生善治说过："直觉有 70% 的准确度。"他认为直觉源自过去的对弈经验的累积，使潜意识产生"面临这种情况时，应该这样下"的念头。他同时提到："为了做出最好的判断，所需信息多多益善吗？恐怕未必。这固然是棋局的迷人之处，可是随着经验的累积，可供参考的信息也越多，这反而让我产生了犹豫、担心、害怕的情绪，使思路陷入死胡同。下将棋如此，所谓的思考能力也是同一回事儿吧！"

将对弈的经验转移到商务上同样适用。在商务领域中，关于问题的原因与对策，同样需要先锁定焦点、建立假说，而不是一一考虑所有可能性。这是本书强调的重点，即靠经验培养才能获得的直观能力，也就是直觉。

1.3　面对信息，舍弃重于搜集

信息过多反而延误决策

职场工作者若能养成假说思考的习惯，并且善加运用，对于日常业务的运行至少会有三大助益：其一，免于深陷信息洪流不可自拔；其二，有助于解决问题；其三，能以全盘思考的方式处理事务。总之，职场工作者能借此提高工作效率，改善工作质量。关于第二项，如何有效运用假说解决问题，将在第二章细谈。在此先就如何免于身陷信息洪流，并且能全盘处理事务进行讲解。

首先，请试着想想避免身陷信息洪流一事。

工作上最紧要的事莫过于决策。无论是总经理、经理，还是组织领导者、业务承办人，都面临决策这一关卡。那么，决策的重点是什么？针对这个问题，多数人的回答是"信息"。

其实这是错觉。的确，在某种程度上你需要信息，然而若是认为信息越多越能做出万无一失的决策，你就错了。

在信息论的领域中，通常以熵值大表示不确定性高的情况。换言之，当新信息的增加降低了不确定性时，熵值会变小。

例如，在准备宴请客户时对于选择日本料理还是法国菜举棋不定。这时候，假设你已获知"客户老板喜欢法国菜"或是"对方隔天已安排日本料理，若再选择日本料理，客户将连续两天吃同一口味"之类的消息，由于这类信息有助于我们排除其中一个选项，决策将变得简单。这是熵值明显变小的一个例子。

反之，倘若和他人讨论之下得到的信息是："现在不流行吃寿司或是天妇罗了，去一家意大利餐厅比较好。"则熵值变大，决策将变得更为困难。

换句话说，在进行决策之际，能帮助你缩小目前选择范围的信息，才是有用的信息。企业决策也是同样的道理。例如，假设你在制定新产品的营销策略，需要从电视、报纸、杂志等广告媒体当中进行选择。你从各种角度筛选之后，在报纸、杂志广告之间举棋不定，不知该选哪一种。这时候，"不然还是选电视广告？"之类的意见将使策略重回原点，造成策略执行上的混乱、延误，即熵值变大。说句题外话，有很多主管总是天马行空、突发奇想，将下属们正在进行的工作归零——偏偏这种主管还为数不少，身为他们的下属会很辛苦。

相比之下，"这项商品的主要使用者是 20 至 29 岁的男性，他们几乎不看报纸，但对自己感兴趣的事情会认真到买杂志仔细拜读的程度"，这种意见就有助于排除报纸媒体这一选项。换句话说，从熵值变小、确定性增加的角度来说，这是非常有用的信息。

漫无边际地搜集信息，无法付诸行动

企业在进行决策之际，漫无边际地搜集信息明显是错误的。

随着企业的运营，信息不断大量地产生。以自家公司的相关信息为例，就有损益表、资产负债表、各分店的业绩报表、月营收变动表、成本分析表等林林总总的报表。此外，还有竞争对手的业绩、市场占有率等相关信息，业界团体出版的刊物、学术论文提及的相关信息等。甚至还有与客户、消费者的访谈报告等，信息多如牛毛。

然而，若用 Excel 处理定量信息，用 Word 处理定性信息，再分别编写厚重的报告，那么光是写报告就足以让企业人仰马翻，何况结果往往没有转化为实际行动，仅仅流于毫无意义的报告。更有甚者，会成为延误决策的元凶。

一般来说，企业倾向于先竭尽所能地大量搜集信息，再进入决策层面。于是，上至经营阶层、下至小职员，人人都成了"信息雷达"（比喻随时随地搜集信息）。遗憾的是，这些企业的决策多半枉费时日，等到展开必要对策时出手已晚。或者是在搜集新信息的过程中发现了更多选项、过去不知道的新事实，从而拖拖拉拉迟无法做出决策，这种情况颇为常见。

为了加快决策的速度，搜集信息时，应抱持筛选现有选项的意识。决策时间有限，即使企业想延迟到无懈可击的答案现身的那一刻再决策，竞争对手也早已先发制人。因此，关键取决于企业如何凭借有限信息进行最适决策。

什么都不做，会形成巨大的风险，身处于这种情况下，还如何漫无止境地搜集信息、扩张选项、延迟决策？因此，绝对不要企图张开天罗地网搜集信息，重要的是根据有限的信息，通过假说思考进行最适决策。

低效率的穷尽式思考

事实上，绝大多数人都是从能想到的各个层面着手调查与分析，再根据结果得出结论，在考虑或分析完所有情况之前，不会做出决策——这就是所谓的穷尽式思考。它与假说思考的最大差异是，无法在事发之初掌握事件全貌。

首先，穷尽式思考是针对已知信息中的部分问题得出结论，再以此为基础扩增新信息、新分析，进而导出新的结论，同时为事件扩增新的情节。在反复进行这一过程后，事件的来龙去脉会越来越清楚，最终拼凑出事件全貌，导出问题的解决方案。

这是一种累进型思考，一旦推演过程中某一次的结论出了问题，则以此为基础进行的次级推论会连带出错。因此，必须尽可能大量地搜集证据、信息，以求在每一层级都正确无误地推演出结论，在此前提下一步步拼凑出事件全貌。

由于必须尽可能地搜集信息、多次进行分析，常常会耗费无数时间。例如，在穷尽式思考之下，原先规划限期三个月或六个月发现问题并提出解决方案的计划，可能会遇到低效率甚至无法如期完成的问题。再者，因为未到收尾阶段，无法掌握事件全貌，将导致企业面临一个很大的风险。即使届时发现了重点，想进一步深入探讨也没有时间了，甚至发现了错误也只能认输。

令人意外的是，越是汇集优秀人才的企业，比如传统大型企业，越是倾向于穷尽式思考。凡事都讲究立论根据，会导致决策过度费时，或总是先从批判、挑剔的角度看待别人的提案。虽然当事人可能只是求好心切，不见得是出于恶意，但如此一来更是坏事。在从事企业管理顾问时，每每让笔者感觉"这家企业不太妙"的多半属于这一类型。

采取以执行为导向的方式向前迈进

一般来说，穷尽式思考型的企业中常见以下现象：

例如，有一家从事制造业的公司为扭转不良业绩，决定重新规划运营策略。首先，他们打算从清查所有问题做起，即从牵一发而动全身的大问题，到无关解决与否的芝麻绿豆般的小问题，都要清查。比如产品开发的相关问题、申请专利数、与竞争对手产品的规格（性能）比较、生产成本、库存数量、产品质量等问题，还有广告宣传的内容、渠道的促销费、业务代表的人数与资质、IT 的投资金额与效果甚至组织等问题，通通全部列出。

其次，该公司欲为所有问题排列顺序，厘清个别问题对于业绩惨淡造成了什么程度的影响，以及各要素之间的关系。不仅如此，该公司对于问题的剖析与追根究底，简直到了欲罢不能的程度。

若全面彻底地剖析上述问题，恐怕会超过计划期限。更何况，商务岂能像数学公式一般，将彼此的关系交代得清清楚楚？

在解决方案方面，同样需要针对所有问题一一提出多项改善对策。于是，针对这十几个问题，总共要提出 30 余项对策。除了执行起来困难，在逐一解决所有问题时，也难有充分的时间与资源可以运用，结果当然是成效不彰。

这就是穷尽式思考的最大缺点。有效率的做法不是穷尽式思考法，而是把焦点锁定在几个各有对应解决方案的问题（假设）上，并将全部精力用于验证。当然，或许不是每项问题都能找出解决方案，即便如此，仍能及早改善企业的营收。如果执意等待将所有问题都整理完成后再提出对策，则不仅会拖上一年半载，而且又会因为在检讨过程中大环境的逐渐改变，引发新的问题。换句话说，这样下去永远无法解决业绩低迷的问题。

请想象调整高尔夫球挥杆姿势的场景。如果要同时针对头部、肩膀、腰部、握杆、手腕动作、重心移动、屈膝方式、挥杆路径等彻底调整的话，结果恐怕不尽理想。徒劳无功之余还可能变得四不像。与其如此，不如一次只调整一个部位，等熟练了再调整另一个部位，这样能更快地调整好。

经营企业也是同样的道理，相较于多管齐下，不如把焦点集中在非改不可的某一点上，切实改进，这样反而更有成效。

简单来说，穷尽式思考是不能全盘了解事物就无法向前推进的人惯有的思考逻辑。如果说现实中难以凡事穷其究竟，那么既然已经拼到这个地步了，无法继续深入也是没办法的事，时间不够也非我所愿——这就是那些帮自己找借口的人惯有的思维方式。

毋庸置疑，商务中不存在客观的解答，如果有，那么成功将永远归属于经营资源得天独厚的美国通用电气公司、丰田汽车、微软之类的大企业。凡事都是相对的，己方采取某一行动，对手也会有所应对。在此前提下，重点不是像做数学习题一样务求其解，而应去推测当自己采取某一行动时，客户、消费者将有何反应，竞争对手又会如何应对。应该以执行为导向，决定自己的行动方案。换句话说，就是采取从假设性答案切入的方法，推测对手的应对措施，在脑海中验证假说。

1.4　假说思考有助于掌握全局

着手实验之前，先提笔写论文

　　前些日子，报刊《日本经济新闻》专栏《我的履历》连载了国际免疫学权威学者石坂公成的自传，内容颇富深意。石坂是美国加州拉荷亚过敏症与免疫学研究所名誉所长，在他担任加州理工学院化学系研究员时，他的老师丹·坎培尔说了一句让他大感错愕的话："着手实验之前，先提笔写论文。"石坂教授在季刊《生命志》中忆及这段往事：

　　　　我曾随口提到想进行某某实验，没想到老师竟然说："实验之前，先把论文写好！"这是开玩笑吧？不过，据说以系统化的方式解析抗原结构与特异性之间关系的诺贝尔奖得主卡尔·兰德施泰纳一直以来都这么做。老师认为当时的我可以做到，在这迫不得已的情况下，我只好奉命行事，根据自己的预测写下论文，然后着手实验。没想到，果真得到了相当大的启示。基于先写论文再做实验的关系，我为对照实验做了充分准备以导出结论，因此即使结果不如预期，实验也不是白忙一场。当时研究抗原与抗体的结合物算是热门领域，大型研究团队紧追不舍，让我们处于后有追兵、输不得的状况。总之，坎培尔老师教了我一套如何在工作走上正轨时甩开竞争对手的方法。

承蒙老师的这一指导方式，我发现抗原抗体结合物虽然会引起小白鼠的过敏性皮肤反应，但是一个抗体分子与抗原结合不会产生活性，唯有两个抗体分子与同一抗原结合时才会产生活性。同时，我发现活性产生与否，与抗原的化学性质并无关联，而是取决于抗体的性质（种类）。这套清晰明确的指导方式，让我得到了清楚明了的成果。（本文出自《生命志》第 35 期《科学家图书馆》专栏，《揭开免疫与过敏的面纱：背离常识的现象中隐藏着未知事实》，石坂公成）

无论是免疫学，还是其他领域的学问研究，首先都是从大量的实验着手，接着多面向地分析实验结果，进而汇整成一篇论文——这是一般的做法。

事实上，这是人们经常不自觉掉入的陷阱。一般来说，我们会通过分析结果来推导结论。然而，这不会使我们找到答案，也往往看不清事情真相。

兰德施泰纳与石坂撰写研究论文的方式则是首先建立"答案八成是 A"的假说，同时刻画出事件全貌，之后通过实验进一步验证假说的正确性——与一般做法正好相反。

这段故事让我深深感到，假说思考是一种能够跨领域广泛运用的思考模式。

从有限的信息中思考全貌

假说思考让我们能够单凭手中的少量信息，即可在早期阶段勾勒事件全貌；让我们即便处于证据不够充分的情况下，仍能推论出事情的来龙去脉："真正的问题出在这里，答案应该是这么一回事儿"。

具体而言，第一步是思考整件事情的架构。例如："分析过现状后会得到……的结果，其中问题关键应该在于……针对分析结果，可以考虑几项策略，最有效的应该是……"换句话说，要在还没有进行透彻分析、证据尚不充足的阶段思考这些事情。

也就是说，要一举切入问题的解决方案及策略，进而勾勒出事情的整体架构。在某些环节证据充足，绝大部分欠缺的情况下，就从该处着手搜集证据。此时，只要针对自己勾勒的事情架构，即假说，搜集证据并加以验证即可，无须浪费时间在多余的分析、信息搜集上，效率自然会大幅提升。

在某些人看来，在可能性众多的阶段就大胆论定整体架构，难道不会忽略某些重点，导致结论错误吗？这其实是杞人忧天。假设真的发生这种情况，那么在开始搜集证据以证明自己的推论是否正确的阶段，就无法找出支持假说的证据，从而立刻发现自己建立的假说有误。由于错误得以在早期发现，也有余力修正方向。

因此，最具效率的方法是运用假说思考。首先凭借自己具备的认知去勾勒事情的整体架构，再验证自己的假说正确与否，一且发现错误立即修正方向，重新架构假说。

在经验不足的情况下，要想凭借有限的信息勾勒事情的整体架构，往往心有余而力不足。尽管如此，一旦养成假说思考的习惯，自然而然就能做到，工作效率将大幅提高。

事实上，决策速度快，能弹性应对环境变化的企业，多半采用了假说思考的工作方式。他们以"做了再说、错了再改"的想法，先从建立假说着手。同时，他们认为要想追求效率，就得在对事情掌握到某个程度的阶段，着手执行并加以验证，而不是事前针对假说进行彻底调查。不只是个人，这一观念已经完全深入整个组织内部。不断循环这种模式，最终会使假说的精准度与执行速度大幅跃进。

错误的假说也有效用

尽管出错概率会随着经验累积而逐渐下降，不过工作进行到一半，才发现好不容易建立的假说是错的，这种情况司空见惯。另一个常见的情况是，初期还没养成假说思考的习惯时，往往会发现原本自信满满的假说存在若干误差，甚至完全错误。我们该如何看待此类情况？

首先，如果你问我是否也会出错，答案是常常发生，只不过不曾犯下致命性错误。这应该归功于经验。另外，假说出现小的失误是常有的事，一旦发现错误，以平常心看待、吸取教训改正即可。再者，我也常提出别人料想不到的大胆假说，只可惜目前看来错误率还是高于正确率。

也常有人问及，万一过了一个月才发现假说有错，不得不另起炉灶，岂不是更糟？首先我要说，整整一个月的时间都在错误的假说上打转，这种例子实在少之又少。

当假说大幅偏离事实，例如，企业面对业绩不彰的事实，原本问题出在营销部门的商品企划，却误把责任归咎于业务部门的强迫推销，并据此建立假说。通常会从访问业务单位与客户，或是分析强迫推销的金额对企业整体营收、利润造成的影响等做起。因此，在这个阶段就能马上发现强迫推销不足以解释整体运营不善的问题。到此顶多花费一两个星期的时间，只要在发现错误的当下重拟新的假说就好。通常在原先的假说被推翻之际，新的假说往往已经浮上台面，不至于造成太大损失。

情况较轻微的假说错误更是稀松平常。这么说来，或许采取穷尽式思考反倒较快？其实不然。

举例来说，假设总计面临100个大大小小的问题，即便前两三个假说出了错，只要第4个假说能导出正确答案，还是远比从头到尾考虑100个问题快得多。这就是知名将棋棋手羽生善治说的，在80种可能的棋步当中，值得好好考虑的棋步只有两三种，这两者完全是同样的道理。

那么，假设当初建立的重要假说在一个月后被全盘推翻了，该怎么办？尽管这种情况并不常见，不过无论是在企业管理顾问工作还是平常的商业实务中，都不无可能发生。

即便如此，我仍敢断言：假说思考比穷尽式思考更有效率。

例如，要在三个月内针对经营策略问题做出结论，并提出解决方案。常见的做法是，从本国经济的整体局势谈起，接着是业者面临的产业环境、公司的业务指标、竞争对手的动向，再论及消费者、客户的问题意识，甚至是公司产销第一线发生的问题等，最后以一篇囊括所有问题点的大报告进行总结。可是，报告当中的分析往往流于表面，问题往往不分轻重，一律轻描淡写地带过。

相较之下，针对某一议题深入剖析的报告，不仅更有机会贴近问题本质，也更有助于经营问题的对症下药。根据这种做法，即便一个月后必须另起炉灶，不如从头至尾没有犯错的情况下实现的成果多，可是三个月后看，必能得到优于穷尽式思考的成果。

切忌死抱假说不放

现在将话题转向实行的层面。请问各位有多少人是以最终责任人的身份建立假说的？如果你就是老板，在经受不住错误的情况下，自当慎重地进行判断。只是话说回来，能当上老板的人，多半已经从经验中练就了建立假说的本事，因此无须过度担忧。反之，如果你还只是下属职员，那么你真是太幸运了。对于你所建立的假说，无须从头到尾仅凭一己之力进行验证，只要在形成假说时，先说给身旁的人听就可以了。当然，多少习惯于假说思考的人，可能会把对这个假说的直接印象告诉你，接着还可能告诉你背后的原因。其中，或许有人会逼问："你凭什么这么说？有什么证据？"跟这种人多说无益，只是浪费时间。再者，就算你碰到的人不熟悉假说思考，只要能得到"说不上来哪里怪怪的""那个不太对吧？应该是这个比较对"之类的回答，都算做到了很棒的初步验证。

假说的验证工作进行到某一程度之后，若能听听主管、客户的意见，例如某个地方不太合理，或是某个部分从那个角度来看可能会得到相反的结果等，则假说将得到进化。如果提点你的主管或前辈本身善于假说思考，那么他们很可能帮你修正假说。只要你记得一个重点——千万别死抱着自己提出的假说不放，就不用担心出错或思考不够充分。

分析能力在其次，假说思考定高下

假说思考的概念尚未普及，相较之下，分析能力比较广为人知。分析能力被视为职场工作者应具备的重要能力之一，也有不少人为提升自己的分析能力，求助于学校教育、专业书籍。

然而，事实并非如此。哪怕你不擅长分析，只要懂得建立假说，就能够在商场上立足。反之，如果不会建立假说，再怎么擅长分析，终究成不了气候。

分析的作用在于加速决策。倘若一碰到问题就立刻着手分析，接收一个个新信息，则很可能在信息洪流中遭遇灭顶。因为这种做法是错的。正确的做法是第一步先建立假说，认清问题所在，对如何解决问题进行分析，而后针对锁定的范围搜集信息。

为期三个月的项目，两星期内提出假说

实行假说思考，可免于被信息洪流淹没，并且能从全盘角度思考，迅速而有效地解决问题。建议各位以这种思维方式来探讨工作之道。

例如，拟定项目计划的进度时，按照计划表执行，期限截止时正好达到目标，这称不上理想的进度表。应该在期限到达一半之时就做出大致的结论，用剩下的时间进行局部修正。采用这种思维方式，有助于大幅提升工作质量与效率。

事实上，针对为期三至四个月的项目，我通常要求项目经理在两星期内提出假说。开始时他们通常面有难色，不过仍会在两星期内提出初步的假说。一旦养成这种习惯，从大方向来看，两星期内提出的假说，与耗时四个月慢工出细活得到的答案，两者其实相去不远。因此，两星期内提出假说，有助于项目迅速且顺利地进行。剩余时间可用于验证、检视、与客户讨论进而完全说服客户等过程。工作质量提升之余，计划执行起来也更加得心应手。

掌握核心，工作就能得心应手

只要掌握大的架构，即事情的核心，工作多半就能顺利进行。

举例来说，企业进行改革之际，与其提出十项二十项个别解决方案或策略，不如规划一个“本公司将推行以现金流量为终极

指标的营运方式"之类的大方向来得有效。

举一个公司内常见的实际案例——公司各部门分别设定目标，例如，业务部门设定为提高客户满意度、生产部门设定为改善质量、物流部门设定为存货管控、研发部门设定为锁定开发主题。尽管各部门提出的改革方案都很冠冕堂皇，然而从公司整体角度来看，想要监控各个进展、横向比较成果并非易事。相较于此，打从一开始就定下"全体部门通力合作，以改善现金流量为目标"之类的核心架构，更能从朝同一目标展开行动的角度，将企业的整体步伐调整至一致。比如营业点随时将店面库存调整在合理范围；会计部门尽力缩短应收账款的回收期间；生产单位竭力降低产品库存、原物料等。部门与部门之间可轻易借由具体措施联结起来。而且，人人都能了解每项措施与改善现金流量直接相关。可想而知，这样更能达到彻底执行之效。

身处瞬息万变的社会，工作效率左右职场竞争力。假说思考有助于迅速厘清应做之事，锁定明确目的与目标，以专注的意识采取行动。养成假说思考的习惯，的确效用无穷。

第 2 章

运用假说

2.1 以假说发现问题、解决问题

兼顾效率与效果的工作利器

"开发畅销商品""打倒竞争对手""重振衰退的事业"……
商业领域随时存在着各种考验。企业面临此类考验时，应该如何
应对？

在此提出一个问题请各位思考：日本职业棒球面临衰退的
危机，假设你在某个时点，受托接下"挽救日本职业棒球"的
任务，你会有什么建言？容我稍后说明对这个问题的思考方式。

如前所述，在着手解决商业领域的种种问题时，针对问题本
质及解决对策，要想巨细无遗地分析所有可能性，实非容易之事。
任何工作都有时间限制，欲将所有可能状况全部调查清楚再提出
答案，无异于天方夜谭。以答案为思考的起点，即建立假说的重
要性可见一斑。与其滞留原地进行穷尽式思考，更重要的是提出
概要式的答案，付诸行动。

这就好比医生看诊。假设来了一个腹痛的病患，其腹痛原因
可能出于暴饮暴食，也可能是盲肠炎、胃溃疡、胃癌所致。甚
至不乏病人本身以为是肚子痛，实际上是胆结石的情况。如果
问题出在胆结石，给病人开胃药也无济于事；如果问题出在胃

癌、胃溃疡，那么病人需要的不是药物而是手术。对症下药才是正确的处理方式。话虽如此，如果要求每位病人都先进行全身检查，而后才予以治疗的话，不但缓不济急，还可能因此延误病情，造成病况恶化。因此，医生面对腹痛的病患，通常是从其症状推断"可能是饮食过量引起"，"可能得拍个 X 光"，或是"先做个胆囊超声波检查看看"，等等。换句话说，要针对问题建立假说，再依此进行检查。

因此，建立假说是让工作兼具效率与效果的利器。

发现问题的假说与解决问题的假说

下面来谈谈如何将假说思考运用到实际工作中。

假说思考对于确认真正问题、拟定解决方案都有极大助益。

事实上，解决问题之际，会在两个阶段运用假说：用于确认问题所在的"发现问题的假说"阶段，以及用以解决具体问题的"解决问题的假说"阶段。

如果问题从一开始就很明确，那么只需要设想解决方案，从"解决问题的假说"开始着手。然而在商业领域，往往问题本身不甚明确，此时首先要从"发现问题的假说"开始。也就是说，认识问题、确认问题所在，是解决问题的起点。同时，要去探讨现象背后的真正原因。即使处理的是一个表面现象，若无法辨别其根本原因，难保日后不会重蹈覆辙。

请参考以下实例。

A 公司的家电产品处于存在市场需求，商品实力亦不差的水平，却始终打不开销路。

如何才能使 A 公司的产品起死回生？

在上述个案中，由于产品滞销的原因不明，一定得从"发现问题"开始着手。若采取穷尽式思考，则首先要进行许多调查。例如，消费者的购买行动、品牌认同度调查、业务人员的活动分析、与竞争对手的商品及价格竞争力比较、工厂的成本分析、渠道的经营分析等。仅仅进行上述种种调查，就要耗费庞大的人力与物力，还得警惕调查结束时消费者需求已转向下一代新商品的风险。

根据假说思考的方式，首先以"滞销原因应该是……"为出发点去建立多项假说。具体如图 2-1 所述。

a. 问题出在产品定价比竞争对手高？

b. 问题出在营销方法？

c. 问题出在售货渠道？

如果以穷尽式思考方式进行，洋洋洒洒列出一长串问题也不足为奇。而假说思考是把范围锁定在少数几个（以本例来说，是如上三个）可能性高的假说上。

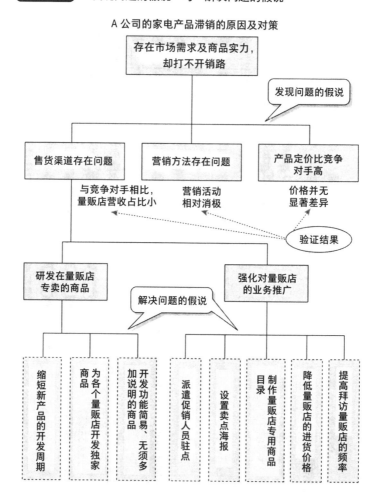

图2-1 "发现问题的假说"与"解决问题的假说"

A公司的家电产品滞销的原因及对策

锁定问题

接着，逐一调查可能的问题点——价格、营销、渠道等，即验证假说。经过这个阶段后，可了解到以下事实：

　　a. 价格与竞争对手相比较，并无显著差异。

　　尽管个别店家标价高低不一，不过与竞争对手相较，价格并未处于劣势。

　　b. 营销活动较之竞争对手相对消极。

　　电视广告之类的大众媒体曝光度并不亚于竞争对手。不过，在店面进行的促销活动、传单类广告宣传等不如对手。

　　c. 比较个别渠道的营业额，其他品牌的量贩店营收占比最高，而自家公司以传统的"街上的小电器行"为主要营收来源。

　　实际到店铺走访后，发现自家公司在量贩店陈列的商品数明显少于其他品牌。尽管在价位上各品牌几乎没有差异，然而请店员比较各个品牌后发现，多数量贩店选择推荐其他品牌。

　　通过以上验证，我们可知问题出在营销、渠道方面，尤其是渠道这一环节。

提出针对具体对策的假说

　　一旦确认了问题所在，接着就要提出解决问题的假说。此时，重点在于如何用最少的时间，将答案锁定在质优且量少的几个方向。

　　A 公司的家电产品之所以销路欠佳，归咎于渠道问题。因此策略的拟定应从该公司的弱点——渠道——着手，考量能有效提高量贩店营业额的策略。

此时，将有助于扩大量贩店销售的所有策略列入考量范围并无不可。不过我们暂时不考虑这样做，而是直接针对解决对策提出假说。

举例来说，有以下可能的对策：

A. 强化对量贩店的业务推广。
B. 研发在量贩店专卖的商品。

以此为出发点深入思考，关于"强化对量贩店的业务推广"，可以发展出以下几项针对具体对策的假说：

a. 提高拜访量贩店的频率，将自家商品的优点充分传达给店家。

b. 降低量贩店的进货价格，增加量贩店获利，为自家商品争取推荐机会。

c. 制作量贩店专用商品目录，以强调自家商品无可取代的优点。

d. 为自家商品设置卖点海报，当消费者进入卖场时能立刻吸引他们的目光。

e. 派遣促销人员驻点，一方面支援量贩店的营业活动，一方面自然地推荐自家商品。

关于"研发在量贩店专卖的商品"，可以建立如下假说：

a. 与功能复杂的商品相比，量贩店的热卖商品更倾向功能简易、无须多加说明的商品。因此，应针对这类商品进行开发。

b. 由于量贩店之间的竞争非常激烈，应为各个量贩店开发独家商品。

c. 量贩店的消费者多有喜新厌旧的倾向，因此应缩短新产品的开发周期。

锁定具体可行的对策

接下来，就是验证假说。目前为止所拟对策能否发挥实际功效？从经济层面来看是否合算？要针对这些问题，从量贩店的优劣势、竞争现状、投资金额、所需人力等角度逐一验证，衡量最后的解决方案。随着提出假说、验证假说的反复进行，直觉会变得越来越敏锐，进而能在最短时间内完成这个阶段。

反观穷尽式思考的调查方式，不仅会使工作量大幅膨胀，更糟的是，在调查过程中难免会淹没在信息洪流中，甚至混淆因果关系，致使工作变成为了调查而调查，距原始目的越来越远。不说别的，仅是比较至此耗费的时间，差距就已很明显。为求答案正确无误，广泛搜集可能的信息，再逐一检视所有可能性——这种做法固然没错，然而对商业活动的实际运作而言，为此耗费大量时间显然太过奢侈。也是因为如此，假说思考得以脱颖而出。

案例分析：挽救日本职业棒球的假说

还记得本章开头留下的题目吗？如果你受托挽救逐渐走向下坡的日本职业棒球，该提出什么建议？

发现问题——"衰退"的定义是什么

首先，要从发现问题着手。所谓日本职业棒球行业逐渐衰退之说，究竟"衰退"的定义是什么？

是选手持续向美国大联盟外流？电视转播收视率低迷不振？购票入场人数锐减？还是商业观点下的营运亏损？

理所当然地，答案会随着定义的问题之不同而异，若将此全部列入考量范围，恐怕无法在有限时间之内解决问题。

在这种情况下，应对委托人进行访谈，根据他们的问题意识，首先针对"发现问题"建立假说。在此将问题定义为"电视转播收视率下降，导致职业棒球行业的人员加速流失"。

解决问题——思考对策

接着进入解决问题的阶段。首先，针对收视率低迷的原因进行分析。是因为网络、手机的普及使得电视收视率下降，还是其他节目的收视率维持平盘，唯独职业棒球节目的收视率下滑？答案指向后者。

根据这项结果，针对具体对策提出假说，以解决职业棒球行业的人员流失问题。例如：配合电视转播修改比赛规则。

足球赛事的转播时间一般约为 2 个小时，而职业棒球起码需要 3 个小时，一旦进入延长赛更可能打得难分难解，完全无法预估结束时间，是极度不适合电视现场直播的运动项目。或许可以变更比赛规则，将比赛结束时间规定在超过 2 小时的那一局。

在排球运动旧有的比赛规则中，常因争夺发球权导致双方迟迟无法得分，严重拖延比赛时间。通过配合电视转播修改规则，例如：废止发球权；比赛进入决胜局（第 5 局）时，如果前 4 局为 2∶2 打成平手，那么先获得 15 分并领先对手 2 分的队伍获胜，而不是像前 4 局的规则，必须先获得 25 分并至少领先对方 2 分的队伍获胜。用这两个方法足以成功抢救收视率。比如，美国的热门运动赛事如篮球、美式足球等原本就采取了时间限制，非常适合电视转播。

如果想从增加转播场次着手，可以考虑下面这项假说：免收转播权利金。如此一来，球队收入也许会受到影响，但由于电视台制播成本降低，即使收视率低也可维持转播。随着转播场次的增加，收看人数会跟着上升。职业棒球原本就不是单一的营利事业，原始出发点在于提升企业知名度与企业形象，即广告效果。当考虑到这一点，免收权利金其实是非常实际的一项对策。电视台可以低价转播，而球队母公司可通过电视转播实现广告效应，双方各获其利，达到双赢局面。

反过来，如果说过去的球队只需实现宣传效果，而现在属于营利事业的话，那么追求盈余将成为终极目标。如此一来，就必须从造成庞大亏损的人事费用，即球员年薪方面着手整顿。即使不能再向电视台收取转播权利金，也必须将球队上下的总成本控制在球场收入的范围内。

从上述思考过程可以知道，重点在于先要锁定问题。一旦问题被锁定，即便相关主题庞杂，仍能掌握重点、扼要处理。与其说建立假说是思考问题、探索答案的过程，更贴切的说法是"有效率地舍弃不重要的问题，或舍去对解决问题无用的方法"的过程。

2.2 假说、验证的反复循环

在反复的过程中改善业务

若是初次提出的假说在实行之后就能顺利解决问题，确实再好不过，只是经常事与愿违。

不管怎么说，假说并非"正确答案"，而是"可能正确的答案"。极端点说，就算错了也不要紧。假说必须能通过执行进行验证，经过验证的假说将进化为更好、更精确的假说。也可以说是在反复的"假说→实验→验证"过程中，提高个人、组织的能力。如果能把这个过程纳入工作当中，各项业务将会进展得更为顺利。

例如，某位汽车销售员提出了一个假说：客户的孩子大学毕业、结婚成家时，可能出现新的购车需求。于是，每当获悉客户的孩子即将结婚的消息时，他就前往拜访，以验证自己的假说是否正确。若能一再重复这个过程，假说的正确性会越来越高。然后，根据验证过的假说采取行动，将大大提升购车的成交概率。

日本7-Eleven（7-11便利店）的假说与验证体系

日本7-Eleven将这种思维模式引入企业经营之根本，从而大获成功。

日本7-Eleven的损益经常超过1700亿日元，营业利润率也超过35%，营收、获利双双称霸零售业界。从消费者的角度来看，无论是商品价格还是商品齐全度方面，7-Eleven都与其他零售便利超市没什么两样，地点也未必特别好。

尽管如此，日本7-Eleven还是创造出了如此庞大的利润，原因究竟为何？那就是反复进行"假说→实验→验证"的循环过程。该公司创始人铃木敏文常把这句话挂在嘴边："我们的工作，首要考量就是如何把东西卖出去，第一步就是建立假说。"例如，这件商品现在陈列在这里，我们假设把它换到别的货架后会卖得更好，并实际动手把东西移了过去。若结果是卖得比之前好，就表示假说正确；若销量变差，就重新放回原位，或者再想想别的做法，然后实际行动，加以验证。日本7-Eleven的日常业务就在"假说→实验→验证"的过程中进行。

非酒精饮料的销路，是看商品齐全度，还是陈列位置？

在此举一个称不上新鲜话题的例子。日本7-Eleven曾有过这样一个假说：面对种类繁多的汽水、果汁等非酒精饮料，消费者是不是看得眼花缭乱，找不到自己想买的商品？过去的做法是，每当非酒精饮料中有新产品问世时，就本着"商品越齐全，销路越好"的想法，尽量上架所有品项。然而，随着非酒精饮料种类暴增，他们转念一想，面对琳琅满目的商品，消费者是否反而找不到真正想买的东西？消费者是不是被淹没在了信息洪流当中？为了避免这种情况发生，店方是否应该进行某种程度的信息筛选？

为了验证假说，日本 7-Eleven 尝试把店内某个冷藏货架中摆放的非酒精饮料种类减少到 2/3。根据一般的想法，商品种类减少到 2/3，商品齐全度降低，选择性变少的情况下，销售业绩应该会下降。然而，实验结果一如假说，业绩反而增长了三成。

那么，业绩增长的原因是什么？其实，商品数并非以等比例减少。精简商品时，把销量欠佳的"滞销"商品减少，尝试增加"畅销"商品（例如乌龙茶等）的陈列面积。任何店面的陈列空间都有限制，若货架被滞销商品占据，畅销商品就排不进去。把滞销商品撤掉之后，原本只能陈列 1 瓶的同一款畅销茶饮，就能增加为 4 瓶。一旦陈列面积增加，就能减少断货概率，顾客也因较容易选择，减少了"找不着、买不到"的问题发生。简单来说，就是把客人要的东西摆在他们一眼可见、伸手可及的地方，或是及时避免断货。这两种效果相乘，使得非酒精饮料的业绩比过去增长了三成。

一年实行365次验证

日本7-Eleven拥有完备的信息系统，可以每天进行"假说→实验→验证"的流程。今天做的实验，当天就可以通过营收数据得到结果。因此若有必要，隔天就可以进行其他实验。例如，假设三明治与杯汤类食品陈列在一起的效果最好，并依此假设调整卖场陈列。调整后的结果对营收产生的是正面还是负面影响，隔天就能知晓。

每天进行建立假说、进行实验、加以验证的整套流程，其代表的意义是，只要想做，一年最多可以进行365次实验。一边是像这样平常每天动脑研究销售手法，一边是几个月才进行一次假说的验证工作，即使以同样的价格销售同样的商品，不同的销售技巧与实际操作也会造成迥然不同的结果，说起来不足为奇。

实验次数越多，假说就越能得到进化

"假说→实验→验证"的过程循环次数越多越好。前一个循环得到的结果，有助于形成下一个更好的循环，让假说越来越好、持续进化。为实现假说的进化，重点是力求在短时间之内完成假说的循环（从建立到完成验证），并在有限时间之内尽可能多地验证假说。这是因为在单位时间之内进行的实验次数越多，假说得到进化的机会就越大。

容我再次提醒，在当今的大环境之中，没有作为就是最大的风险，时间不容许我们漫无边际地搜集资料、迟迟不做决定。要在有限的信息条件下，通过假说思考做出最适决策。与其只思考而不采取任何行动，不如先以初步的答案进行实验。通过实验进行验证，使假说得到进化；再经由更深一层的验证，使假说更趋精准。

2.3 洞察事情的整体架构

窥得全貌就少做白工

到目前为止，我对于在解决问题之际如何运用假说思考做了一番说明，接下来将谈谈如何通过假说思考，从全局角度面对工作。

若是贸然开始着手工作，或从细节切入，就像在没有地图的情况下航行于太平洋一般。若根据假说思考事先模拟事情的架构，则事情可朝着我们设定的目的、结果推进，并顺利获得成果。同时，工作能得到事半功倍之效。

例如，当我们撰写工作报告时，若漫无止境地搜集文献与资料，直到期限截止的前一刻才开始动笔，恐怕精力已所剩无几，提交期限也迫在眉睫。就算写，也往往在忙乱中遗漏重点资料。相较之下，在资料尚未齐全的早期阶段即着手拟写大纲，从全局角度思考，才是最有效的方式。

单凭少量信息，运用假说思考设想事情全貌及其架构，在必要时针对所需资料追加调查，尔后根据调查结果，修正原先架构并进化假说。采用这种做法，不但效率高，还能完成一份有助于解决问题的报告。

　　换句话说，在分析不是十分彻底，佐证资料也不齐全的情况下，也要直接从解决问题的大方向与具体对策入手，建立整体性的假说。此时的重点是以结构化的方式描绘事情的整体架构。

　　所谓结构化，是指"以某某内容、某某架构模拟事情的来龙去脉"。举例来说，就是以假说为基础推演逻辑："经由现状分析，应该会得到……的结果。其中，问题的真正原因在于……，可考虑的解决方案包括……，其中最有效的要数……的策略。"

　　由于这种方式是在佐证资料不足的状态下大胆拟出整体架构的关系，常常会令人怀疑是否遗漏了重点，或是有架构错误。然而如前文所述，验证阶段的资料搜集工作一旦展开，很快就会发现搜集不到原先所想的资料，假说存在错误。由于在初期阶段即可发现错误，因此即使出错仍可从容不迫地修正方向。

　　下面配合实例，说明如何勾勒事情的整体架构。

案例分析一：撰写提升化妆品营业额的项目报告

　　假设主管要求化妆品制造商的营销企划人员提出提升营业额的解决方案。

　　该企划人员根据目前为止的观察、既有资料或是对关键人物的访谈，建立了以下假说：

　　"本公司的营销中存在的问题不在于产品、价格竞争力不足，而在于营销策略未能及时应对客户群体的变化，尤其是未能跟上客户群体由30岁以上阶层转向年轻族群，由女性转向男性的变化趋势。"

　　在此阶段，已掌握到公司内部已有的部分信息，不过尚未展开假说的验证及进一步的调查、分析工作。在展开行动之前，先运用假说思考的方式，设想事情的结构，勾勒事件的整体架构。报告的架构大致分为现状分析、结论与建议三大部分。（详见图 2-2）

图 2-2　　整体架构（方块图）

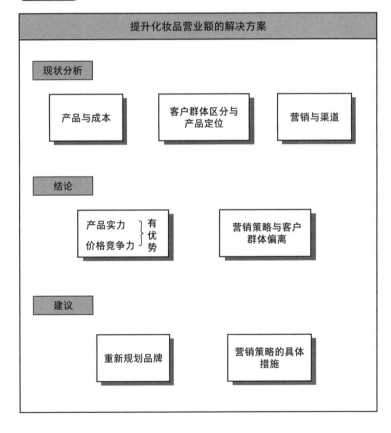

首先，为了证实假说，针对"现状分析"部分所需的构成要素，提出以下三项：

A. 产品与成本

B. 客户群体区分与产品定位

C. 营销与渠道

勾勒事情整体架构时，切忌将大小问题混为一谈。

其次，就现状分析的部分思考架构。对于以假说为基础的架构，现阶段仍有许多点尚未经过验证。

产品与成本方面，设想情境有二：

a. 产品绝对不差，客户投诉也少，对产品质量大致没有疑虑。

b. 生产方式以少量多样为主，成本虽较同行业大的生产商高，但与营销费用相比微不足道。

客户群体区分与产品定位方面，可设想以下情境——

针对女性的商品的设想：

a. 从大众化商品到高端商品共计 5 种品牌，尽管深获 30 岁以上女性的青睐，但年轻群体的支持度偏低。

b. 品牌形象以信赖、安全、正统为主，偏向保守。反观竞争对手的品牌形象，则以先进、革新、科学等迥然不同的字眼为代表。

针对男性的商品的设想：

a. 年轻男性的化妆品市场较女性市场增长快。

b. 男性用化妆品仅有单一品牌，且品牌忠诚度高的顾客年龄层已呈高龄化。

在营销与渠道方面的情境设想，同样以假说为出发点：

a. 在电视、女性杂志上加大营销方面的投资。然而，电视广告着重强化企业形象甚于个别商品广告，目标客户群体是否接收到信息尚且存疑。

b. 年轻男性专属品牌出现空缺，或多或少造成了难以打入潮男时尚杂志、互联网的情况。

c. 渠道以传统的化妆品店、百货公司、超市为主，药妆店之类的新渠道几乎是一片空白。

"结论"根据现阶段的假说构成：

a. 产品、价格竞争力不输其他公司品牌。

b. 客户群体区分较以往产生了巨大变化。例如面对最具潜力的客户群体由 30 岁以上年龄层转移至年轻群体、由女性转向男性的现象，营销策略上未能有所应对。尤其在未来成长空间较大的年轻男性客户群体部分，更是起步太晚。

在"建议"部分，针对解决方案提出以下建议——

第一，将女性专属品牌由 5 个精简为 3 个，多出来的经营资源则用于开发新的男性品牌，尤其用在商品开发、销售人力、营销费用、广告费等方面。

原因是，尽管女性市场规模相对庞大，年轻女性客户群体的市场也已成熟，但是现阶段即使努力强化，在竞争地位处于劣势的情况下，投资与回报恐怕也不成正比。而品牌数尽管由 5 个精简为 3 个，只要主力品牌还在，营收下降幅度也能控制在 15% 的范围内，再加上种种成本的降低，应该可以使利润维持平盘。因此，减少品牌不致产生太大负面冲击。

第二，关于营销策略的具体方案，有以下几项建议：

a. 将目标客户群体锁定在即将开始使用男性化妆品的初高中男学生。

b. 开发价格亲民的全新大众化商品。

c. 舍弃既有的化妆品店与超市渠道，锁定初高中生较常出入的便利店与药妆店等。

d. 广告宣传主要通过杂志、口碑、互联网进行，舍弃电视等大众媒体类广告形式。

将以上几点填入图 2-2 的方块图内，则成为图 2-3。

图 2-3   整体架构

提升化妆品营业额的解决方案

现状分析

① **产品与成本**
- 产品绝对不差，客户投诉也少。
- 生产方式以少量多样为主，成本虽较同行业大的生产商高，但与营销费用相比微不足道。

② **客户群体区分与产品定位**
- 女性商品
  —— 从大众化商品到高端商品共计 5 种品牌。
  　· 深获 30 岁以上女性的青睐。
  　· 年轻群体的支持度偏低。
  —— 品牌形象以信赖、安全、正统为主。
  　· 竞争对手的品牌形象以先进、革新、科学为代表。
- 男性商品
  —— 年轻男性的化妆品市场较女性市场增长快。
  —— 男性用化妆品仅有单一品牌，且品牌忠诚度高的顾客年龄层已呈高龄化现象。

③ **营销与渠道**
- 加大了营销方面的投资，但目标客户群体是否接收到信息尚且存疑。
- 难以打入潮男时尚杂志、互联网。
- 渠道以传统的化妆品店、百货公司、超市为主。

结论
- 产品、价格竞争力不输其他公司品牌。
- 客户群体区分较以往产生了巨大变化，营销策略上未能有所应对。
  —— 尤其在未来成长空间较大的年轻男性客户群体部分，更是起步太晚。

建议

① 将女性专属品牌由 5 个精简为 3 个，多出来的经营资源则用于开发新的男性品牌，尤其用在商品开发、销售人力、营销费用、广告费等方面。
- 原因：……

② 营销策略
　a. 将目标客户群体锁定在即将开始使用男性化妆品的初高中男学生。
　b. 开发价格亲民的全新大众化商品。
　c. 舍弃既有的化妆品店与超市渠道，锁定初高中生较常出入的便利店与药妆店等。
　d. 广告宣传主要通过杂志、口碑、互联网进行，舍弃大众媒体类广告形式。

　　像这样事先勾勒事件全貌，再考虑需进行哪些调查、分析工作及其优先级，然后将验证假说所需的工作限制在最小范围内，进而根据结果修正假说，使假说得以进化，并连带修正整体架构。在上述程序如螺旋般持续进行的过程中，一步步展开后续讨论。

案例分析二：高级加工食品业的竞争策略

　　再看看另一个例子。在某高级加工食品领域，食品制造业的 B 公司在全国拥有高市场占有率。然而这几年来，B 公司在若干重要地区的市场占有率有逐渐被后起的小型公司 C 蚕食鲸吞的迹象。现假设 B 公司的项目小组成员必须向经营层提出一个能有效对抗 C 公司的竞争策略。

　　在勾勒事件整体架构时，手边通常有林林总总的可用信息、分析结果。假设目前已知信息如图 2-4 所示，有以下三大类：成本结构、各地区市场占有率、各地区售价。

　　首先，在成本结构方面，发现 B 公司尽管产量多、规模大，单位生产成本却比 C 公司高。接着，从各地区市场占有率来看，B 公司在全国各地的市场占有率相差不远，反观 C 公司在各地区的市场占有率却是高低落差颇大，甚至部分地区并未进行销售。再从售价来看，B 公司的商品在全国各地价格一致，而 C 公司在市场占有率较高的 X 地区定价较 B 公司高，采取因地制宜的差别定价法。

　　其次，从这三类信息出发建立整体性的假说。例如："相较于 B 公司采取全国一致的营销策略，C 公司采取限定地区的营销策略。而且，C 公司将生产基地设在紧邻销售市场的地区，使得生产成本较为低廉。"

图2-4　从已知信息出发建立整体假说

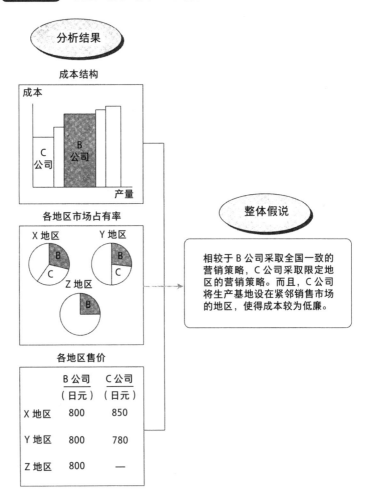

接下来，应该先思考采用什么分析结果来证明这些假说。

勾勒事件整体架构的例子如图 2-5 所示。方格内标示"有资

图2-5 事件整体架构的例子

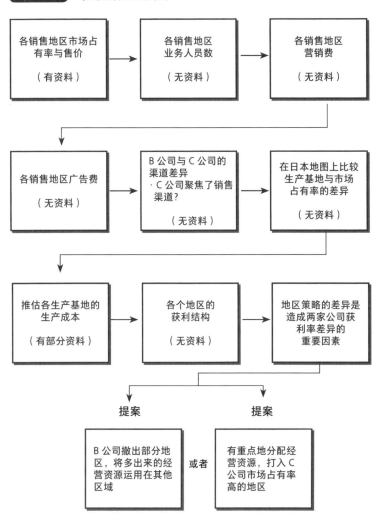

料"者，表示已有资料，具有某种程度的了解；标示"有部分资料"者，表示掌握到部分资料；标示"无资料"者，表示现阶段没有任何佐证资料。该图清楚地显示出，后两者"有部分资料"与"无资料"合计有 7 项，远高于"有资料"的一项。实行假说思考，就必须以如此少量的信息为起点，思考事件的整体架构。

像这样撰写故事的大纲架构，在 BCG 称为"空白演讲展示"，指一些没有内容的幻灯片的组合。举例来说，假设一场演讲展示有 30 张幻灯片，大部分幻灯片中还没有填入内容，有的幻灯片上有文字，但只填入了演讲者想对听众说的重点，或是想要向听众证明的词组，尚未验证或分析。总而言之，"空白演讲展示"里除了有故事情节之外，还包含想传达的重点，以及为了支持该重点所需的资料或分析示意图。

那么，就让我们回到刚才这个案例吧。"各个销售地区的市场占有率"为已知资料。首先，建立一项假说，就是 C 公司针对业务人员数、营销费、广告费等，依地区给予了不同资源配置的比例。其次，针对这个假说进行调查、分析，并与 B 公司进行比较。

或者思考 B 与 C 两家公司的销售渠道有所不同的原因。例如，C 公司将销售渠道聚焦在优良渠道，这是否是造成两家公司获利率差异的主要原因？针对这个假说进行了解并加以验证。

此外，在生产成本方面也可以建立假说：规模较小的 C 公司生产成本反而较低，原因是否出在生产基地靠近销售市场上？反观 B 公司，是否由于销售范围遍及全国，导致物流、库存成本增加，拉高了整体的生产成本？为验证这项假说，可以将生产基地与市场占有率放在日本地图上进行比较，并推估两家公司各生产基地、工厂的生产成本。

再者，关于两家公司在各个地区的获利结构，调查结果显示B公司生产成本因地而异，有些地区低于C公司，另一些则高于C公司。换句话说，采取全国统一策略的B公司在各地区的获利结构不尽相同。相较之下，采取因地制宜策略的C公司，在获利区域的市场占有率较高，在亏损区域的市场占有率较低，甚至有可能尚未进入该区域——对此也必须进行验证。

经过这些假说与验证之后，可以得出最后的结论：B公司采取全国统一策略，C公司采取因地制宜策略，是造成两家公司获利率差异的重要因素。从结论得出的具体建议有以下两项：

一是应该舍弃全国统一策略，撤出部分地区，将多出来的经营资源运用在其他区域，以提高获利率。只是这势必演变为和C公司同样的策略，因此另提一项能够与C公司一决胜负的策略：放弃C公司未进入的地区，锁定C公司市场占有率高的地区，将经营资源重点投入到此，也就是直击C公司的黄金区域，进行正面对决，借此扩大市场占有率。

所谓故事架构，是指模拟整件事情的整体轮廓，即以某某内容与方式构成。

首先，从全盘的角度建立故事架构；然后，在每个方块中填入适当的图表与资料，仔细完成整体架构。切忌一开始就急于填入图表与资料，忽略了建立故事架构，以避免陷入"见树不见林"

的盲点。因此，正确的步骤是建立故事架构，在大致轮廓清楚之后，再逐一添加细节与内容。

在建立故事架构的过程中，要运用想象力去补足不足的部分。而用以弥补不足之处的想象力，就是所谓的假说思考力。

2.4　发挥影响力的全盘思考

有效激发行动力

如前所述，若能运用"空白演讲展示"的概念，建立故事架构、编写纲要，看清事件全貌，则后续工作将更加明确，工作效率会随之倍增。

再者，"空白演讲展示"不仅在整理思绪、决定非做不可的工作时能够派上用场，而且在接下他人委托的工作，或对上司说明工作计划时也大有帮助。原因有以下几点：

a. 自己的思考将更为清楚；

b. 能具体掌握已知与已证明之事（换句话说，相当于已填写完内容的幻灯片）；

c. 能确切掌握并传达不足之处，或是为了弥补不足必须搜集什么资料、进行哪些分析（换句话说，相当于仅有标题、片段的信息或分析示意图的幻灯片）。

也就是说，"空白演讲展示"能让人很容易地勾勒复杂的故事，使得工作顺利进行。有了大方向的架构，就易于将故事传达给他人，也容易激发具体行动，进而实现目标，更有助于我们发挥影响力。

运用假说思考组织演讲展示

　　要想让提出的建议、结论被组织采纳并执行，演讲展示扮演了举足轻重的角色。因为，人们对于自己未能认同的事通常很难提起干劲。

　　演讲展示首先必须浅显易懂，提案、建议的内容越简单明了，组织就越容易付诸行动，也越容易使组织发生改变。因此，扮演提案、建议前身的"空白演讲展示"，内容必须更加浅显易懂。

　　散文集《美国之心——感动全美国的七十五篇短文》中有一句话深得我心："如果一张名片的背面不足以容纳一个点子，就根本不是了不起的点子。"

　　这句话的意思是，任何点子如果需要用很多张报告专用纸才能说清楚，即使提案者自己觉得点子很好，但只要对方难以理解，就称不上"好点子"。相反，如果短短一两句话就能交代清楚，就是真正的"好点子"。因此，以浅显易懂的方式制作演讲展示，是一件很重要的事情。

　　首先，要以简单明了的方式呈现假说思考的结果——明确的课题。其次，陈述解决方案的建议，是演讲展示的关键。

　　然而，这恐怕不足以让人信服，因此应该补充不足，以现状分析的方式，从何种原因引发什么现象等进行补充。接下来，说明解决方案的具体内容及实行方式等。重点在于简单明了，如此才能让人一听就懂。

站在听众立场，重新建立演讲展示的内容架构

演讲展示的目的，在于让自己想传达的事情，能够得到对方的理解与认同。如果只是一味想着自己想要传达什么给对方，称不上是好的演讲展示。

也就是说，首先要明确定义"想借由演讲展示达到什么目的"，然后思考"该以什么顺序、说些什么才能达到这个目的"。这种逆向思考，与假说思考以结论为起点的思考方式非常相近。

想要做到这一点，必须站在对方的立场思考。例如，自己这样说，对方会感受到什么？从自己的演讲展示中，对方最想获得什么？自己要在脑中像这样不断假设，重新建立演讲展示的架构，完成演讲展示的内容。

例如，你通过演讲展示提出了一个非常具有说服力的提案，但只要对方无法对你个人产生信赖感，一切都不具任何意义。对方一旦认定"这个人根本不了解我真正的痛处"，那么即使你说得再有道理，忠言逆耳，对方终究无法接受。因此，一定要让对方觉得"这个人是在了解了我的痛处与辛苦，以及问题为何未能解决的情况下，才提出了如此毫不留情的建议"，如此一来，你的提案、建议才能获得认同。

换句话说，彼此必须产生"共鸣"。共鸣的起点，是设想对方有何烦心之事。如果无法确切知道对方究竟为了什么事情而烦心，不妨先假设对方的烦恼，并以此为前提思考。接下来，思考"该以怎样的说法、什么顺序回应对方的烦恼"。当然，真正的演讲展示涵盖的范围非常广泛，正因为如此，必须先在脑中模拟，再融入演讲展示内容里。

比方说，演讲展示内容是"贵公司这里不对、那里不行""这个策略不是很高明"之类的话语，全盘否定了对方过去的努力与辛苦，之后再提出自己的提案，说："贵公司应该这么做。"然而就算内容再正确，恐怕对方也会因遭人批评而心生反感。

如果你试着用其他方式取代上述说法，例如："过去贵公司采用的这项策略非常成功，不过，随着时代与环境的变迁，过去的做法恐怕已不再合适。因此，如果能试着这样调整，或许会更好。"如此一来，尽管说的是同一回事，对方却容易接受。

再者，企业的情况有别于个人，一旦接受并实行提案或建议，就必须实际进行改革、拿出成果。谈论的内容、分析结果必须正确，提案必须言之有理等，这些固然重要，然而，提案、建议的内容能否与企业的改革及成果产生联动，更是重中之重。换句话说，企业需要的是这种提案。因此，自己的提案内容能否让对方便于付诸实际行动，是演讲展示中最重要的一环。

提案与建议带来的变化与成果称为"效应"。随着提案、建议的实行，产生营业额增加、市场占有率提高、成本下降等结果，这些是很容易了解的效应。组织的活化也是效应之一。对于企业而言，效应是不可或缺的要素，因此在提案与建议时，务必提及对方所需的效应。

从结论说起的演讲展示，有哪些优点与缺点

要想让人了解自己的假说，进而认同、接受，就得好好注意表达的先后顺序。有时候适合从结论说起，有时候最好将证明过程仔细交代清楚。

以"结论是……"为开场白，传达结论、关键信息；以"原因在于……"为引导语，依据重要程度逐一说明支持开场所提的结论的理由。这种演讲展示方式在欧美甚为普及。

这种方式有两大优点：一是避免让听众在结论出现之前，处于焦躁不安的情绪，不知"这个话题最后会导出什么结论"；二是只要开头的结论能得到对方的认同，解释原因的部分可简单带过，就结果而言，还能缩短演讲展示时间。基于以上优点，企业管理顾问通常采用这种演讲展示方式。

不过，并非所有听众都偏好这种演讲展示。例如，A 引发 B，接着 B 形成 C，而 C 又造成 D，最后得到 E 的结论，对于习惯这种思维模式的人来说，劈头就告诉他们"答案是 E"，恐怕他们心里还一直记挂着 A、B 的后续发展，导致耳朵即使听着演讲展示，心中仍然怅然若失。在这种情况之下，最好避免将结论 E 放在最前面，而应按照从 A 到 B、C、D 最后到 E 的顺序，巨细无遗地交代清楚，完成演讲展示。

演讲展示的方式没有绝对的优劣，只能视情况而定。不过，在欧美绝大多数演讲展示都采取一开始就说出结论的方式，在日本也已经相当普及。建议各位务必尝试并体会以结论为起始的验证假说型演讲展示。

第 3 章

建立假说

3.1 企业管理顾问想到假说的那一瞬间

在讨论或访谈中酝酿假说

BCG 内部曾经进行了一项问卷调查，即"企业管理顾问通常会在什么状况下联想到假说?"。企业管理顾问可谓假说思考的专家，时常运用假说思考。令人好奇的是，假说通常是在什么时机下产生的?

调查结果如图 3-1 所示，排名第一的回答是"在讨论过程中想到的"。换句话说，就是在与人谈话的过程中想到的，和同事、客户开会等都包括在讨论的范围内。在这类情境中，大家多半对讨论主题已有相当程度的认识，在谈话对象的言语激荡下产生了联想，或使原先的思考得到了进化。如"天上掉下来的礼物"般，不费吹灰之力就从对方身上得到假说的例子少之又少。

排名第二的回答是"在访谈过程中或访谈结束后"。所谓访谈，包括企业管理顾问与客户的访谈，或针对客户的消费者、协力厂商进行的实地访谈。并非坐在办公桌前苦思，多半是借由走出办公室、前往现场实地考察与访谈，刺激想法产生、建立假说。

图3-1		**假说通常是在什么时机下产生的？企业管理顾问的问卷调查结果**

排名	回答
1	在讨论过程中想到的 （同事、客户）
2	在访谈过程中或访谈结束后 （客户、厂商）
3	灵光一现
4	深思熟虑

·
·
·
·
·

> 假说的建立方式因人而异，没有标准答案

假说的建立方式没有标准答案

排名第三、第四的回答是，假说产生于"灵光一现"与"深思熟虑"之时。

有些人"非要到早上即将开始上班的那一刻，脑中才会有灵感"，有些人"会在睡眠中灵光一现，因此床边总是放着纸和笔"。此外，还有人"在拿着签字笔在纸上胡乱涂鸦的过程中，逐渐理出头绪，形成假说"，或是"在洗澡时想到，会在浴室的墙壁上贴上小纸条，一有任何想法，就立刻用铅笔写上去"。

我属于"灵光一现"的类型，往往在乘坐电车读报、看书时，甚至什么也没做，只是拉着吊环时突然产生灵感。当然，在

自己一个人苦思不得其解时，也会通过与他人讨论产生假说，或因此让假说进化。

相反地，"假说产生于深思熟虑之时"的企业管理顾问，是通过系统化的过程建立假说的。一开始，他们通过阅读书籍与口头讨论，广泛吸收信息。而后，他们安排时间让自己沉淀，将脑中的念头与想法逐一写下。接着，通过结构化，将故事情节与分析示意图写在一张纸上，完成假说的建立，并进行冷静的检视。

如上所述，建立假说的方式因人而异，没有一套标准答案。假说有各种建立方法，本书介绍其中三种：根据分析结果建立假说；根据访谈结果建立假说；灵光一现建立假说。

3.2　根据分析结果建立假说

案例分析一：解读非酒精饮料市场的消费曲线

首先，谈谈根据分析结果建立假说的方法。这种做法是依据既有的分析结果建立假说，而不是为了建立假说特意去进行某项分析。在前文有关验证假说的部分提过，分析结果是为了验证假说。

根据分析结果建立假说是可行的。90% 的人在解决问题时仰赖于分析，相较之下，假说思考型的人中只有 20% 的人仰赖于分析。严格来说，假说思考型的人会在着手分析之前先建立好假说，锁定应该深入研究的方向，而后再分析、验证假说并使假说得以进化。

以下是根据分析结果建立假说的具体实例。

图 3-2 是日本非酒精饮料市场的消费曲线，我们可以从中看出 1999 年之前日本非酒精饮料市场的发展与多样化趋势。

这个分析结果，究竟能帮助我们建立什么样的假说？

例如，从人均消费量来看，自 20 世纪 60 年代后期开始快速增长，又在 20 世纪 90 年代再次飙升。换言之，从 1954 年至 1999 年，出现了两次高度增长期。

图 3-2 日本非酒精饮料市场的发展与多样化趋势

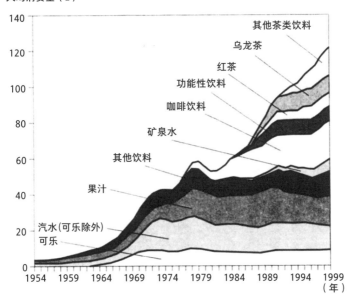

人均消费量（L）

资料来源：日本全国非酒精饮料工业协会 "非酒精饮料相关统计资料"，BCG
分析

以这项统计资料为基础，再加上自己的知识、体验与想象，
针对第二次消费量大幅增长的原因，我们或多或少能够建立几项
假说。

假说之一是，过去推出的非酒精饮料多以汽水与果汁等高糖
分饮料为主。不过，从20世纪80年代后期开始，功能性饮料（包
括运动饮料、提神饮料、保健饮料等）、乌龙茶、矿泉水等的消费
量逐渐增加。也就是说，可以建立这样的假说：随着日本人的健
康意识日益提升，含糖量少的饮料消费量增加，扩大了非酒精饮

料的市场。

另一种假说是，过去市场上销售的非酒精饮料以瓶装、罐装为主，携带方便的塑料瓶出现之后，大幅改变了非酒精饮料的饮用方式。塑料瓶可以随时随地使用，甚至能当作水壶使用。基于对便携性的考量，非酒精饮料的市场需求大增，这也是一项可能的假说。

此外，还有另一种假说，即非酒精饮料的销售渠道已经发生改变。过去民众购买饮料往往去的是食品店、超市或是卖酒的店铺，自从自动售货机出现之后，路边、车站甚至办公室，随时随地都可以买到饮料。这种唾手可得的便利性，也是非酒精饮料需求增加的推手。同时，由于自动售货机多为铁铝罐装饮料，较少摆放塑料瓶饮料，因此塑料瓶饮料的销售量增加，应该是受到了便利店迅速发展的影响。

当然，日本人的健康、安全意识的提升，也是假说之一。过去，大家普遍认为自来水是免费又安全的饮用水（日本的自来水能够直接生饮），然而现在为了消毒，自来水中不仅加入了氯，似乎还含有杂质。在这种情况下，"喝矿泉水有益健康"的说法或许促进了民众对矿泉水的需求。

综上，根据分析结果建立假说，关键在于你能否从图表当中解读出各项假说。

根据分析结果建立有关未来的假说，也是可行方法之一。

例如，假设日本人的健康意识越来越强，则功能性饮料的消费量将有大幅增长的空间；如果安全观念进一步提升，则饮用自来水的人将越来越少，这样一来，原本在日本销售欠佳的矿泉水市场极有可能翻身。对企业来说，这是事关未来的商品开发与策略的重要假说。

案例分析二：解读日本国内的汽车市场占有率

根据分析结果建立假说的第二个例子，请看日本的汽车市场。图3-3是关于日本汽车市场各价值链下经销商（汽车制造商的关联企业）与独立商（与汽车制造商无任何关系）市场占有率的推测。2003年汽车市场的整体销售额约30万亿日元，其中新车销售额约占1/3，其余2/3包括贷款、保险、售后零部件、车检、二手车等，统称为售后市场。

图3-3　**日本汽车市场各价值链下的市场占有率推测（2003年）**

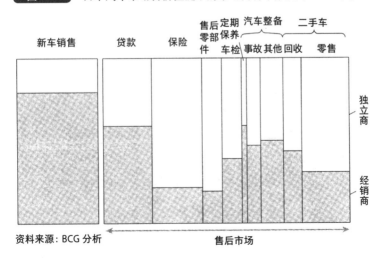

资料来源：BCG分析

依据此图能建立什么假说呢？

对于汽车产业具有一定程度的知识与经验者，想必会产生若干假说。

例如，目前经销商运营陷入苦战，而在售后市场方面，有众多与汽车制造商无关联的独立商抢占市场。

可想而知，独立商在售后市场中赚取了不少利益。因此，可以建立假说：经销商之所以在售后市场赚不到钱，是汽车制造商的策略出现了问题，导致独立商赚走利益，经销商无利可图。

另一方面，目前日本新车销售状况低迷，高峰期年销售量达600多万辆的小型轿车，目前的销量萎缩到2/3，即400万辆。然而，马路上来来往往的汽车并未减少。由此可以建立假说：与新车销售状况相比，二手车市场呈现强劲增长趋势。

综上，可将分析结果与个人知识、经验相结合，借此建立假说。

3.3　根据访谈结果建立假说

案例分析：消费品制造厂商营收欲振乏力

接下来，说明根据访谈建立假说的方法。

假设企业管理顾问接到某消费品制造厂商委托：尽管产品做得很好，消费者还是不捧场，请协助调查原因，并拟出应对策略。

通过对客户的访谈，掌握到以下信息：

"消费者好像比以前更谨慎保守，不想花钱购买类似的产品。"

"竞争对手的产品和之前相同。"

　　→ 换句话说，该公司不是因为竞争对手推出了新产品而落败。

"来自便利店的营业额有增加的趋势。"

　　→ 换句话说，尽管整体营业额下滑，便利店的销量仍有增长。

"物流的价格竞争日趋白热化。"

　　→ 换句话说，零售商与批发商的价格竞争激烈，越是低价的商店销售状况越好。

"我们对产品深具信心，并未降价。"

从访谈中建立假说

对于"尽管产品做得很好，消费者还是不捧场"的原因，根据从访谈中得到的信息，可以建立以下假说：

① 消费者的偏好转移到其他领域

客户只看到自家商品的营业额，就认定顾客的消费观念日趋谨慎慎保守。但其实可以建立这样的假说：消费者的总消费金额不变，只是把钱转向了其他消费品，排挤掉了本应购买自家产品的消费份额。

就如手机在女高中生之间大为风行的那段时期，在每个月两三万日元的零用钱中，她们动辄花费 1 万至 1.5 万日元在手机上。于是，原先用来买衣服、CD、拍大头贴的钱就没有了，造成相关商品的销售额大幅下滑。

② 渠道末端的价格竞争激烈，需求流向低价商品

这项假说指出，价格竞争的结果是消费者趋向购买低价商品。当然，并不是说东西越便宜销路就会越好，以名牌商品为例，有时其价值只是来自高不可攀的价格。因此，消费需求未必会流向低价商品，只不过以此个案来说，情况确实是这样。

③ 消费者口碑带动了其他品牌商品的人气

这项假说是指其他品牌的商品虽然和之前没有两样，然而在

电视、杂志的介绍与网友推荐的推波助澜之下人气大增，席卷了整个市场。

④ 竞争对手提高了对商品流通的利润分享

尽管竞争对手并未调低商品的零售价格，但有可能增加了商品流通的利润空间。一般来说，最符合这项假说的是通过店员的推荐让顾客买单的成药、化妆品等商品。通常是在店员了解了消费者的需求之后，向对方推荐的商品。

例如，到了药店，顾客与店员可能出现类似下面的对话：

"我好像感冒了，有点头痛，请问我该买什么药？"

"有没有发烧？"

"没有。"

"喉咙痛不痛？"

"有点痛。"

最后，店员推荐："那么，可以买这个。"

此时，店员虽然会针对消费者的需求提供适合的商品，不过推荐的往往是利润较高的商品。换句话说，成药除了需要有一定的药效，零售商的利润空间往往更能左右销量的好坏。

⑤ 渠道转移

这项假说是，消费者的购买场所由百货公司、超市逐渐转向便利店、折扣店。

以日本两大啤酒商——麒麟啤酒与朝日啤酒争霸的例子说

明。由于麒麟啤酒向来横行于酒商（卖酒的批发商）界，因此一直不将与酒商处于对立关系的便利店放在眼里。然而，消费者想买啤酒时，向酒商下订单再等候其送货的方式实在麻烦，于是慢慢变为去便利店买啤酒。随着消费者养成了想喝多少就在便利店买多少的习惯，麒麟啤酒的市场占有率就相对下滑了。而朝日啤酒已经强化了在便利店的销售渠道。

在这个案例当中，当消费者的消费场所发生变化，而且是自家公司相对弱势的销售渠道时，尽管销售策略、营销方法并未改变，营业额还是有下滑的可能。前面提到，在访谈过程中出现了这句话："唯独便利店的销售情况仍有增长。"如果对顾客而言便利店属于弱势渠道的话，那么整体营业额都会下滑；反之，如果便利店是顾客的主要购买渠道，那么在便利店业绩增长的前提下，整体营业额也会随之增长。因此，这项假说错误的可能性相当高。

像这样根据访谈结果建立假说，也是可行的方式。不过，关键在于如何切实做好访谈。接下来，将针对如何有效进行访谈简要解说几个重点。

3.4 有助于建立假说的访谈技术

首先要确定访谈目的

如前所述，访谈是建立假说的好方法。那么，访谈有什么具体的技术呢？

着手访谈之际，首先务必确认访谈目的。一般来说，访谈目的有以下几种：

① 了解行业、业务

身为企业管理顾问，若对客户不具备相当程度的了解，根本无从开展咨询工作。因此，顾问往往会基于了解客户的业务内容或客户所属行业的目的进行访谈。一般的企业人士在进入新市场、新事业、新通路之际，也常常基于同一目的进行访谈。

要得到此类信息，尽管书本也是可行方式之一，但还是不如从商务人士身边取得第一手资料来得容易，也更能掌握现况。因此，访谈是了解特定行业、业务的重要方法。

② 发现问题，厘清问题

为诊断客户在经营上面临的问题，企业管理顾问往往从访谈做起。若事先知道经营问题是什么，那么只需要详细询问并厘清问题即可。然而，实际状况并非如此。于是重点就是通过访谈发现问题、厘清问题。很多企业管理人员都不乏基于诊断自家公司、集团的经营问题而进行此类访谈的经验。

③ 建立假说，检验假说

若已经厘清问题，就要针对问题的原因、解决对策建立假说。此时，访谈的作用在于建立好的假说，或是检验假说的正确性。

实地访谈犹如一座宝山

在公司内部进行访谈，或是对客户、贸易对象进行访谈等，这种实际到第一线进行访谈的方式称为"实地访谈"。

通过实地访谈掌握第一线的实际状况，是发现问题进而有效解决问题的基础。就此意义来说，实地访谈好比一座宝山。重点就在于了解实地访谈的重要性及有效性。对于第一线发生的情况要保持一探究竟的态度，当在办公室陷入苦思时，就到现场走一趟。

关键在于能否打破砂锅问到底

遇到问题务必一层层向下挖，无论从假说的建立，还是假说的进化层面来说都是如此。

例如，当访谈对象谈到"本公司 A 商品的市场占有率很高，深获市场好评"时，除了回应："这样啊!"并记下"A 商品市场占有率高"之外，还要继续深究。

应该追问："为什么 A 商品的市场占有率这么高?"接下来，就算受访者回答："因为 A 商品具有强大的竞争力。"也不能到此为止，要继续往下追问："你觉得强项是什么?"至此，一直对答如流的受访者可能会开始沉默，并思考"自家商品与竞争商品相较之下，究竟好在什么地方?"。此时，访谈已经开始深入。

受访者沉吟片刻之后，如果回答"A 商品的多功能性得到了消费者的喜爱""本公司的产品特别注重商品设计"之类的答案，则他已经掌握了 A 商品竞争力强大的关键。换句话说，只有当你问出了受访者心中认定的竞争力的关键所在时，才算做到了对问题的追根究底。

访谈的重点在于让对方吐露真言。为达目的，有时要使出意外的招数，一针见血、直捣核心，让对方一时语塞、答不上话。

例如，假设商品开发的负责人认为产品滞销的原因出在广告及宣传效果不彰、业务部门怠惰上。如果在访谈时你对该负责人说："产品滞销的原因恐怕出在竞争力不足上吧?"接着再毫不留情地补一刀："情况看来是这样，关于这一点您有什么看法?"这么一来，负责人就会说出内心真正的答案。

访谈时不能一味地追求气氛融洽，必要时就算冒犯对方也要问。例如，当你听到"新产品的营销方式失败了，导致出师不利"

之类的话，必须往下追问："是产品本身有问题，还是广告及促销策略失当？是渠道策略错误，还是价格策略失败？"

当然，此举可能会不小心触怒对方，切记不可伤害对方的自尊心。例如，采用这种说法："你的做法有误，让我来教你怎么做。"就百分之百会惹火对方。询问方式最好是让对方自行察觉或者发现当初的想法是自己的一厢情愿。这并不难，只要心里抱持敬意，说话的态度、询问的方式自然也会如此。而且，直捣核心的询问方式有助于对方发现问题的本质，掌握解决问题的线索。

问题进化，假说也跟着进化

有时候，是依部门与 A、B、C 三个事业部分别进行访谈。虽说访谈大纲是事前拟好的，可是，访谈新手可能真的会从头到尾对 A、B、C 事业部使用同一套问题。这样得到的答案恐怕也是大同小异。

反观高手的做法，首先与 A 事业部进行访谈，对于"答案可想而知，没必要再次发问"的问题，就不再询问 B 与 C 事业部。反之，在访谈 A 事业部的过程中，若对于部分问题觉得"应该继续追根究底才能找出真正答案"，则对 B 与 C 事业部追加提问。倘若在与 B 事业部访谈的过程中，又得到了不同的结果，则需要准备有别于 A、B 事业部的问题来询问 C 事业部。

换言之，每完成一次访谈，就必须反复探讨结果，并对照访谈的目的，思考是否需要调整访谈内容，之后再进行下一回合的访谈。好的访谈必须像这样做到让问题深化。

同时，很重要的一点是，在访谈过程中不需要死守原先设定的问题顺序，应该视对方的回应方式、回答内容随机应变，调整发问。

以这种态度探究事实，比较容易建立好的假说。有时在访谈过程中提出自己的假说，也能让假说得到验证、进化。

撰写访谈备忘录

访谈备忘录的目的有三，分别是：① 帮助自己厘清头绪；② 方便与人分享访谈所得；③ 方便作为演讲展示资料的依据。目的不同，记录时需注意不同要点。

① 帮助自己厘清头绪

为了让自己厘清头绪，首先要建立备忘录的内容架构。访谈时写下的备忘录，通常是听到什么记什么，即依照时间顺序记录的。然而，访谈对象的回答往往跳来跳去，导致备忘录很难依照各个话题形成体系。

因此，必须组织备忘录的内容。例如，问题现象、发生原因、可能的解决方案等，依谈话内容分别进行整理。或者依访谈对象的部门，比如业务部、开发部或人事部等分别加以组织。备忘录的结构要做到让人一目了然。

若有假说的验证结果，也应该一并记下。

在验证假说的阶段进行的访谈，通常访谈者在访谈前已经持有强有力的假说。在这种情况下，应该将假说的正确性交由访谈对象判断，例如从第一线的观点来看假说是否合理，或者从企业领导人的角度来看，能否接受该假说。此时，应该在访谈备忘录中详细记录该假说的验证结果，例如自己的假说被对方认同、否定，或是大致接受，但提出了若干问题点等。

② 方便与人分享访谈所得

与人分享信息时，需将备忘录的内容做出主观、客观的区分。自己的想法、见解属于主观，访谈对象所说的内容则是客观，因此，应该将对方的陈述以及自己的想法做出明确的区分。

③ 方便作为演讲展示资料的依据

引用访谈备忘录作为资料来源时，务必加以"量化"。例如，当对方提到"新产品一上市，随即带动营收上扬""市场占有率提高"之类的信息时，要询问具体的数字予以量化，如上升了几个百分点、增加了多少金额、多卖出几件产品等。倘若缺少量化信息，即便你记下"营业额增加""市场占有率提升"等内容，也根本称不上是有用的备忘录，毕竟"增加1%"和"增加50%"有天壤之别。

学会上述几种访谈方法，能让你问出访谈对象的心里话，并借以挖掘事实。这将是建立假说的扎实基础。

3.5　灵光一现建立假说

　　最后我要说明的是，如何用灵感建立假说。人为什么会有灵感？答案应该因人而异。下面提供几个有助于灵感浮现的动脑方式，也就是让你的脑筋动起来的诀窍。

　　人们往往会不知不觉地根据刻板印象看待事物，以自己擅长的方式思考所有事物。只不过，这有时会阻碍新假说的形成，因此需要有意识地改变动脑方式。如此一来，你会开拓出前所未见的新视野，激发出新的假说。

　　改变动脑的方式，用一句话来说，就是较平常更广泛地运用脑力。至于如何广泛思考，在此提供三种方法：对角思考；两极思考；零基思考。

方法一　对角思考

　　可从以下三种角度进行对角思考：客户、消费者的观点；第一线的观点；竞争对手的观点。

① 客户、消费者的观点

在构思如何推销产品之前，试着想象使用者是哪一种人，在什么地方、为什么选购自家产品。彻底化身为使用者，了解使用者的真实感受，有助于产生新的假说。

举个例子，请想想看，手机的普及对自家公司的业务有何影响？关于这个问题，重点不在于使用手机对自家公司的业务将造成什么影响，而在于消费者习惯使用手机后将对自家公司的业务造成何种影响。乍看之下像在玩文字游戏，事实上两者大不相同。

例如，从事影片出租的文化便利俱乐部（Culture Convenience Club）公司，旗下有茑屋书店，过去以寄送促销明信片为主，现在则以手机短信取代了明信片。一张明信片的成本不下 50 日元，因此理所当然地该选择成本接近于零的短信。这对自己的公司来说，是手机带来的好处，即"对自家公司有何影响"的思考方式。而采用"消费者习惯之后对自家公司有何影响"的思考方式又会怎样呢？过去，通常利用明信片寄送免费租用券、优惠券，然而去店里时记得把明信片带在身上的人少之又少，更准确地说，这件事很麻烦。消费者通常是碰巧有时间到店里逛逛，往往不会把明信片带在身上。相比之下，以手机传送优惠短信的方式替代，对于可能忘记带钱包，却不会忘记带手机出门的现代年轻人来说，再方便不过了。

如果做生意总是以企业为本位，却没有站在消费者的立场思考，则失败的概率将大为提高。日本电信电话公司的 IC 电话卡就是一个典型的例子。由于过去的磁条电话卡遭到伪造，继而引发了种种问题，日本电信电话公司开始导入 IC 式电话卡，以取代传统电话卡。然而，站在消费者的立场上，较之传统电话卡，新的 IC 电话卡不但没有任何额外功能，更因为电话数量太少，很难找到可以使用的机器。在这种情况下，计划当然无法顺利推展。反观 JR 东日本的 Suica(可用于公共交通运输的非接触式 IC 智慧卡，同时具备电子钱包的功能)，与传统的预付磁卡 io-card 比较起来，便利性明显更高，不仅能额外充值，和定期车票合并使用，而且在不幸遗失定期车票时，还可申请补发。

② **第一线的观点**

第一线指的是"实地、现场"，避免总是坐在总公司办公桌前闭门造车、闷头苦思。为了掌握第一线的观点，请到现场走访，亲自体验并观察发生的具体事实。新的假说往往由此产生。

以零售业为例，有些店家看起来不过是单调地重复着日常事务，业务却蒸蒸日上；有些店家看起来光鲜亮丽，卖场的陈列频繁更换，商品也不断推陈出新，然而生意却欲振乏力。实际到现场走一趟就能了解到：越是将日用品每天摆放在不同位置，消费者越是感到困扰；想找的东西可以随时在固定位置找到，对消费者而言才是最贴心的做法。然而，坐镇总公司或企划部门的人，往往把事情想得太简单，以为只要想想新点子就能刺激消费。当然，偶尔推出新商品、增加新鲜感是必要的，否则消费者会心生厌烦。不过，这与流行时尚追求新潮、加工食品的老牌商品更畅销的情况有所不同。光是坐镇总公司盯着计算机上的报表根本看不出所以然，必须亲自走访现场来激发新想法，起码要把思维方式调整为第一线的观点。

再举一个例子。在我曾经担任顾问的企业，处于他们的分店、营业场所等第一线的业务人员认定总公司是妨碍工作的绊脚石。原因是，总公司经常命令他们做这做那，每天都有不同的指示，而且一会儿要这个数据，一会儿要那个资料，只会增加他们的工作量。而说到帮助现场增加营收，却连个影子也没有。

反观总公司的想法，总公司绞尽脑汁构思出来的事情，却总是催不动现场的业务单位落实执行。如果这些处于第一线的单位能够推动落实，肯定成效显著，无奈的是总公司动员不了这些单位的人。解决这个问题的办法之一是，总公司必须将自己的角色定位为"后勤支援部队"，全力协助第一线的工作与业务的顺利进行。为此，该企业针对过去总公司与第一线的往来事宜，彻底进行了全盘检讨。总公司不再以"上对下"发号施令的方式要求第一线执行策略，主要业务仅限于做对第一线有帮助的事情，同时将第一线需要提供的报告减少到最低程度。结果，第一线的士气大振，业绩也获得了大幅改善。

③ 竞争对手的观点

假设你是 A 公司的员工，现在请把自己看作竞争对手 B 公司的员工，你将如何看待 A 公司？站在竞争对手的角度思考，是一种非常有效的思考方式。

竞争对手或许会针对我方公司的弱点奉上致命一击。假设如此，是思考该如何弥补弱点，还是正面迎战，事前做好反击的万全准备？例如，戴尔计算机在开创接单后生产的直销模式的计算机时，康柏、IBM（国际商业机器公司）等实行传统产销方式的企业该如何应对？应该以传统的预测生产模式为对抗之道，还是跟进戴尔采用的直销模式？

反之，竞争对手也可能针对我方强项，发动正面攻击。此时又该如何应对？例如，在我方产品竞争力强大的情况下，对方是否会开发类似的新产品以站在同一个竞技场上打败我们，还是会采取另辟新战场开发新产品的战术？前者"开发类似新产品"的例子，有丰田汽车推出雷克萨斯以挑战奔驰；后者"另辟战场"的例子，有朝日啤酒开发新款啤酒"Dry Beer"（糖分低、酒精含量及酸度高的啤酒，口感清爽，喝过之后不留厚重余味），与麒麟啤酒的"Lager Beer"（窖藏啤酒）一决胜负。

此外，对手也可能出乎我们的意料，根本无视我方的存在。在这种情况下，难免会产生期待落空的感觉。然而，这很可能是对方轻视或者尚未察觉到我方公司策略的关系，着实是千载难逢的机会。另一方面，或许我们会认为对方是市场中的领军厂商，对本公司的新产品不会放在眼里。其实，对方说不定随时都在密切注意我方公司的动向，准备一有动静就立刻出手反击。在这种情况下，我们不宜贸然摆出竞争的架势。以上每一套剧本都有可能发生，这就是所谓的假说。

自家企业习以为常的事物，从竞争对手的角度来看，说不定是求之不得的经营资源。这种情况在具有知名度的品牌中尤其常见。既然如此，对于目前为止习以为常且未受重视的经营资源与强项，我们应以其为出发点，打造新的策略。

从实际案例中学习

接下来，我会提供一个企业管理顾问透过对角思考为客户创造价值的案例。

我曾担任某高价机械设备制造商的顾问工作，如果列出该公司各部门的"受重视程度排行榜"，就像其他企业一样，机械开发部门名列第一，销售部门排名第二。机械一旦售出，负责维修工作的子公司的地位便无足轻重。然而，当企业管理顾问深入了解客户的购买倾向，以及尚未获得满足的需求时，发现最能掌握客户需求的是维修部门，最大的商机就在这里。于是，我们提议舍弃过去由上游往下游延伸的传统价值链（指创造价值以提供给客户的一连串活动）概念，改为从下游出发，也就是采取以与客户有接触的员工或部门为主导的营运模式。由于这项提议将过去公司内最不重视的部门一举提升到顶点，顿时反对声浪如排山倒海一般。不过，当该公司意识到产品差别化创造出的额外营收，远不及靠维修赚取服务收入有利可图时，现已成功将营运模式转变为有别以往的、以下游为起点的价值链体系。

这个道理应该很容易套用在各位读者的企业或行业中。假设你所属的企业是制造商或原料厂商，通常最关心的事情是，自己的产品要卖给谁？怎么卖？如何卖到更好的价格？现在建议你换个角度思考，假设你们是购买自己公司产品以从事生产的制造商，或是进货以从事销售的商品流通业者。站在零售业者的立场，对自己公司的评价说不定是：产品质量虽好，可惜价格过高，很难卖也不想卖；或者认为该产品经常断货，对消费者造成不便，因此不愿积极推销；又或者觉得你们和竞争对手比较起来，没有任何优势，持续进货的理由不过是看在多年往来的份儿上。

假设你任职于总务部门，长期以来饱受生产、营销单位第一线人员的抱怨，不断被他们找麻烦，那么建议你设身处地地站在对方的立场想一想，应该会有不同的体会。等你习惯之后，过去必须通过实务经验或当面请教才能学会的事情，渐渐地凭想象就能找到解答。

方法二 两极思考

第二种方式是"两极思考"，也可以说是两个极端的思考方式。如前所述，《战争论》作者克劳塞维茨认为，在前景不明的情况下要穿透重重迷雾，"凡事应从两个极端加以探究"。例如，"战争"以外，是否存在追求"和平"的可能性？"攻击"以外，是否容许彻底"防御"的想法？以两个极端为出发点的思考，有助于我们看清事物的本质。探究两个极端能帮助我们在无数的事件、关系当中，认清最关键的是什么。

请看一个具体实例。在通货紧缩的时代，大家通常会考虑是否该降低产品售价。降还是不降？如果降价，那么要降多少？其实此时更应该思考的是，如果提高自家产品的售价，会有什么后果？

例如，500 张影印纸的售价为 300 日元，如果涨到 400 日元，结果多半是滞销。影印纸之类的产品，没有什么品牌上的区别，除非基于特殊用途，否则不会对纸质有特别要求。这种价格决定一切的商品称为"大宗物资"，需求的价格弹性非常大。也就是说，客户购买自家产品与否，很可能完全取决于价格。在这种情况下，一旦竞争对手降价，自家只能忍痛跟进。

反观奢侈品的市场。假设原本定价 9 万日元的皮包涨价到 10 万日元，业绩会下滑吗？在我看来，不会有多大影响。假设价格降为 8 万日元，情况又会如何？在短期内业绩或许会应声上扬，可是从中期来看，降价很可能会带给消费者负面印象。一旦消费者产生"人气减退？""不再是流行指标？"的疑虑，业绩非但不会上涨，下跌的风险反而更高。

综上，不要一味地单方向思考，从相反角度进行逆向思考，可以帮助企业认清自家产品、服务受客户支持的理由。如果理由在于功能、成本以外的因素，例如品牌、售后服务、长期的稳定货源、按时交货等，那么即便是通货紧缩的时代，也不需要大幅降低售价。

方法三　零基思考

最后要介绍的是零基思考。这是一种不受既有框架限制，面对目标，以一张白纸为出发点的态度。如果依循既有框架，视野会受过去案例或种种规范所限而趋于狭隘，导致无法找出达到目标的最适方法。因此，"重回原点"的思考态度，在建立假说之际更为重要。

举例来说，假设你是主管客户投诉的客服中心负责人。依据公司政策，对于目前有100人从事的工作，拟定了"将人数砍掉两成"或"成本降低20%"的目标后，每个人都能提出许多办法。例如：建立工作手册以求效率化，使投诉的平均处理时间降低两成；详细分析来电投诉的时间段，将所需客服人员控制在最低限度；将工作外包等种种方法。

可是，如果公司一道命令下来，决定"以目前的一半人力去做"，或是"成本降低70%"，该如何是好？先前所提的效率化有其极限，唯有另起炉灶重新思考。例如，只要有投诉事件发生，部门就有工作，否则，就没有任何工作。如此一来，不要说成本降低70%，就算是100%都有可能。因此，应该分析投诉的原因。如果问题出在工厂的质量管理，就彻底执行生产管理、质量管理；如果问题在于说明书解释不清，使消费者产生疑问，就该重新编写产品说明书，从根本上杜绝投诉。当然，即便投诉不可能完全降为零，只要降低幅度够大，客服中心的成本就能大幅降低。

另外，假设一定会发生投诉事件，但是成本非降不可，则需向无限降低成本的方向思考。由于客服中心的主要成本来自人事费用，要大幅缩减人事费用，可考虑把客服中心迁往人事费用只占日本的1/10甚至1/20的国家。

当你暂时跳脱现况，重新思考时，会产生具有创造性的假说。当你走投无路时，重回原点的零基思考的重要性毋庸置疑。如果平时就能养成这种习惯，一定能更有效地提出成效显著的解决方案。

如果从一开始就把脱离现实的假说排除在外，那么思考往往会被局限在常识之内，无法看清真正的问题或原因所在。因此，刚开始时，应该摆脱框架的桎梏，尽可能实现多面向的思考，而后再——排除脱离现实的假说，或是出现反证的假说。

3.6　好的假说有何必要条件？与不好的假说有何差异？

条件一　能够往下深究

前文对于假说的建立方式做了一番说明。关于假说，除了对与不对的区别以外，还可分为好的假说与不好的假说。为了避免读者误解，请容我再次说明，BCG 内部不以"对"或"错"定义假说的"好"或"坏"。也就是说，BCG 内部不会以这个假说是否正确，来判断这个假说的好坏。比方说，有些假说虽然事后证明是错的，但是因为该假说能够经过验证，而且与行动产生了联结，BCG 内部还是会把它归为"好的假说"。即使假说有误，只要能够据此建立新的假说，或是删去某个选项，工作仍可以持续进行。

那么，好的假说与不好的假说到底有何差异？

试想你面对下面的指示："调查业务人员绩效不彰的原因，并拟定对策。"假设你提出了以下假说：

a. 业务人员的效率差。

b. 业务人员多半不出色。

c. 新进业务人员的专业训练不足。

这些假说不能说有误，只是称不上是好的假说。那么，怎样才称得上是好的假说？例如以下假说：

d. 业务人员忙于写文字材料，没空外出拜访客户。

e. 业务人员彼此信息沟通较少，业务高手的知识经验未能与他人分享。

f. 营业单位负责人身兼业务人员，导致时间被业务活动占用，无法指导或带领新进人员。

请比较一下。前三项假说与后三项假说，其差异一目了然。

首先，假说的探究方式有区别。好的假说不会只用短短一句"业务人员的效率差"（假说 a）交代过去，而是深入探讨了效率差的原因。也就是说，业务效率之所以这么差，是不是"业务人员忙于写文字材料，没空外出拜访客户"（假说 d）导致的？

同样地，"业务人员多半不出色"（假说 b），问题是否出在业务高手尽管拥有一身的知识经验、销售话术与好用的工具，然而"业务人员彼此信息沟通较少，业务高手的知识经验未能与他人分享"（假说 e）？

至于"新进业务人员的专业训练不足"（假说 c）的问题，是不是因为原本该担起新进业务人员培训工作的营业单位负责人，由于自身忙于照顾客户，甚至还背负着沉重的业绩压力，导致无法指导新进业务人员？换句话说，应该是"营业单位负责人身兼业务人员，导致时间被业务活动占用，无法指导或带领新进人员"（假说 f）。

后三项假说才是好的假说。你需要往更深层思考"为什么会这样"。

那么具体该如何做到？建立假说之际，要不断问自己"那会怎样？""所以该怎么办？"。例如，假设"一年之内体重暴增十公斤"。你心想："那会怎样？"答案是："肥胖有害健康。"于是你想："所以该怎么办？"答案是："做运动。"接着，再往下想："该怎么做？"于是就归结到具体行动："每天慢跑。"像这样反复自问"那会怎样？"，直到事情出现具体结果，就是深化假说的诀窍。

条件二　与行动联结

好的假说的例子：假说 d、假说 e、假说 f，每个都做到了深入探讨。一旦假说证明为真，就可以立刻发展出可行的解决方案。这是好的假说的第二个条件。反之，即便证明假说 a、假说 b、假说 c 为真，仍无法从中导出明天起即可采用的解决方案。

举例来说，即便你提出："业务人员的效率差"（假说 a），若是只丢下一句："拿出工作效率来。"一般的业务人员也不知道该怎么做。

不过，如果你的假说进化为："业务人员忙于写文字材料，没空外出跑业务"（假说 d），那么就能发展出一些具体的解决方案，例如：设置一位助理专门处理文字材料，方便业务人员经常外出；运用 IT 技术，将写文字材料的时间减半；业务日志与业绩无关又占去许多书写时间，应加以简化。

总而言之，好的假说有两大要件：能够往下深究；能与具体解决方案或策略相联结。

建立好的假说为什么很重要

好的假说一旦形成，问题往往就迎刃而解。

① 及早发现问题

从前文中业绩欲振乏力的例子来看，为了发现问题，首先，不仅要找出业务效率偏低的表面问题，更得深入探究效率差的原因。

其次，还得建立多项假说，同时验证假说，以确认导致业务效率恶化的最大原因。例如，虽然业务人员每天忙于应付文字材料也是可能的原因之一，然而，客户订购的物品未依约定时间送达、客户的付款确认未能及时处理等诸如此类与业务人员无关的问题发生时，业务人员却忙于处理这些问题，导致业务效率被拖垮。在这种情况下，仅从改善业务方面下手，业绩不会好转。也就是说无法解决问题，提出的解决方案有误。

想要发现问题的真正原因，就有必要建立经过深入探讨的多项假说。

② 及早拟定解决方案

为提出有效的解决方案，重点在于深入探讨假说，尽量详细、具体，借此让假说得到进化，以提出解决方案。

③ 有效筛选解决方案

针对业绩不振的问题提出假说之后，可连带推演出多项解决方案。不过，要从中选择有效方案加以执行，因此必须筛选解决方案。此时，必须就业务效率差及业务人员的专业训练不足等问题，判断孰轻孰重。为此必须建立更深一层的假说，并进行验证。如果结论是"业务人员专业训练固然有所不足，但相较之下，业务效率差的问题更为严重"，那么就应该优先采用改善业务效率的解决方案。反之，如果根据判断，与业务效率提高20%至30%相比，提高每一位业务人员的素质更有助于提高业绩，则可暂时搁置改善业务效率的解决方案，把火力集中在业务人员的培训上。

综上，在筛选解决方案之际，假说扮演着重要角色。就解决问题而言，假说的重要性不言而喻，而且，假说必须是经过深入探索的好假说。要建立好的假说，不可在提出假说之后就停下脚步，必须往下探索，使其进化。

基于这个理由，下一章将要探讨的"验证"技术就愈显重要。

3.7　组织假说

明确区分大小问题

　　必须深入探讨建立的假说以求进化。介绍一个深化假说的简便方法——议题树形图（Issue Tree Diagram），即将论点结构化，借由如图 3-4 的树状结构，将假说以系统化的方式组织起来。如此一来，即可明确区分问题的大小。

　　在"根据访谈结果建立假说"的部分，曾提到一个案例："尽管产品做得很好，消费者还是不捧场，请协助调查原因，并拟出应对策略。"在此再次引用这一案例，借以说明这个方法。

案例分析：将业绩低迷的原因结构化

　　首先，把业绩欲振乏力的问题结构化。业绩差的时候，可以想到的主要理由不外乎以下两项：

　　a. 总需求减少，导致市场占有率虽维持不变，营收却呈现下降趋势。

b. 总需求并未减少，甚至有增加之势，只有本公司的营收呈现下降趋势。换句话说，本公司被竞争对手打败了。

要明确区分两者，再仔细思考。

图 3-4 论点结构化（议题树形图）

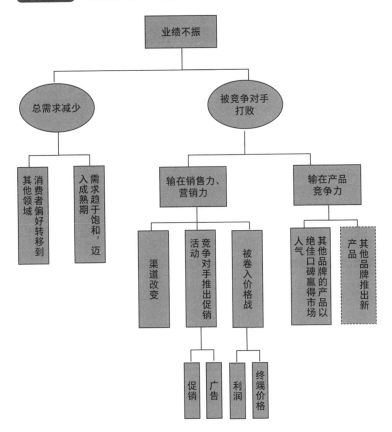

假说1　总需求减少→总需求为什么减少?

如果是需求本身有所减少的情况，要进一步思考需求减少的原因是什么。

例如需求趋于饱和，迈入成熟期。手机就是最好的例子，不仅新用户减少，更换手机的频率也不再像以往那么高。手机市场的需求明显趋于饱和，开始进入成长衰退期。

此外，不排除消费者偏好转移到其他领域的可能性。举例来说，当女高中生在手机方面花费较多时，以她们为主要客户群体的流行服饰业就会面临全面性的需求萎缩。

在竞争中落败又可进一步分为以下两种情况：

a. 输在产品竞争力。

b. 输在销售力、营销力。

假说2-a　被竞争对手打败→产品竞争力不足

产品竞争力不足的情况，还可细分为两种。一是其他品牌推出新产品，在这个案例中其他品牌并未推出新产品，因此以虚线表示。

事实上，被其他品牌推出的超强新产品打败也是常事。例如麒麟啤酒的"窖藏啤酒"输给朝日啤酒的"干啤酒"，就是最典型的例子。

此外，产品本身没有变化，其他品牌的产品以绝佳口碑赢得市场人气的情况也并非没有。这项假说既不完全属于产品竞争力，也不属于销售力、营销力的范围，处于模糊地带，不过此处暂且将这个案例列入产品竞争力。

假说2—b　被竞争对手打败→销售力、营销力不足

关于销售力、营销力不足，可依据设想的原因进一步分为以下三种情况：

A. 被卷入价格战。

B. 竞争对手推出极为成功的促销活动。

C. 消费者购买商品的渠道改变，转向本公司较为弱势的渠道。

被卷入价格战的情况，可细分为以下两种：

a. 终端价格（民众实际购买价格）出现削价竞争的情况。

b. 终端价格并未遭到破坏，然而竞争对手提高了商品流通体系中批发商与零售商的利润空间，诱使批发、零售业者积极向消费者推荐该品牌商品，导致本公司的产品滞销。

关于竞争对手成功的促销活动，可细分为以下两种：

a. 竞争对手在宣传效果更佳的电视广告、报纸杂志广告上斥资。

b. 广发促销文宣、直邮广告，派遣促销员积极展开促销活动。

依据这种方式，以议题树形图的形式，将论点往下展开，形成结构化体系。

通过验证将假说去芜存菁

当然，一旦发现总需求并未减少，在图3-4的议题树形图中，针对需求减少发展出来的左半部分可删去不看，全力调查右半部分有关在竞争中落败的树状体系即可。若进一步确认产品竞争力并非不足时，只需针对销售力、营销力不足的部分进行调查。

如上，通过验证缩小假说的范围，再针对可能的假说建立下一层次的假说，进一步验证。在循环往复的过程中，使假说得以进化，这就是议题树形图的应用方式。

运用这种方式，验证假说之际可一目了然，有助于说服讨论对象。例如对方有所质疑时，可根据这张树形图，有凭有据地指出"对此已完成验证""这是错误的"，借以说服对方。

第 4 章

验证假说

4.1 通过实验进行验证

日本7-Eleven的实验——200日元的饭团会畅销吗

要通过验证来使假说进化。验证方法有很多，下面介绍三种主要方法：①通过实验进行验证；②通过讨论进行验证；③通过分析进行验证。当然，并非分别使用这些方法，企业管理顾问通常会穿插使用。

实验是验证假说的最易懂的方式，尤其是在第一线展开的实验。

前文提过的日本7-Eleven的例子完全符合这个说法。针对消费者的需求，必须搜集信息、分析现状、建立假说，而后经过验证，再针对应修正之处，朝着满足消费者需求的方向进行调整。就如7-Eleven针对饭团做出的独特验证一样。

若干年前，有段时期消费者吃腻了饭团，产生了远离饭团的现象。日本7-Eleven为解决这个问题，做了什么事情呢？

1955至1964年，超市由于商品价格的低价化经历了一段业绩高度增长的黄金时期。然而，在物资过剩的今天，相较于价格，消费者更重视味道、质量之类的商品价值。为应对这一变化，日本7-Eleven建立了这样的假说："只要优质、美味，就算一个饭团 200 日元也有人买。"由于当时饭团的平均售价在 100 至 130 日元之间，导致同行们一片哗然："他们到底在想什么？"

日本 7-Eleven 针对消费者远离饭团的现象，开始验证究竟是降价就能迎刃而解，还是提升品质更能吸引人。起初，他们抱着亏钱的准备，把几乎所有饭团的价格都调整为 100 日元。结果，在接下来两至三个月的时间里，业绩增长了两成左右。接着，推出售价 200 日元的高级饭团后，竟创下了业绩增长远超低价饭团的纪录。

综上，根据假说进行实验，能够完全掌握消费者的需求。

索尼的消费者刺激式研发策略

另一例较为特别的个案，是一种以消费者的反应为前提导向的研发方法，称为"消费者刺激式研发策略"。这种策略是在产品开发的过程中，和使用者保持密切的对话。

制造商的产品开发者通常是根据市场调查的结果，确定产品的最终概念，而后将开发完成的产品上市。相较于此，消费者刺激式研发策略把未必是最终产品的先导产品直接交给使用者，再根据反应调整开发方向，几经调校，直到最终产品的概念定型，即在产品开发过程中同步进行假说验证。

话说索尼开发 CD 播放器时，采用的正是消费者刺激式研发策略。当时，索尼要开发这种市面上尚未存在的创新产品，开发团队对于该采取什么设计、纳入什么功能、如何设定上市价格等伤透了脑筋。

设计风格该走简约路线，还是纳入录音等功能的多功能路线？定价该走高价还是平价路线？各种可能的选项繁多。在这个案例当中，就算展开市场调查也没用，因为消费者本身并未见过CD 播放器，他们面对询问时根本不知从何答起。话说回来，只凭开发团队单方面的想法去做，风险未免太大。

于是，索尼决定听听市场的声音，在 31 个月之内连续推出15 款 CD 播放器（参照图 4-1）。在两年半左右的时间内有 15 款产品问世，即使在更新换代频繁的消费型电子业界，这也是罕见的特例。

索尼的具体做法是，首先让 5 至 6 个机型同时上市。也就是把源于"好的假说"研发的产品投入市场，让消费者验证，依据则是销售数据。

假设销量最佳的是 A 款，为了调查 A 款卖得好的原因，就直接去了解使用者的喜爱、不满之处，并根据这些意见，以 A 款为基础连续推出 A1、A2 等产品。通过反复进行上述工作，索尼利用更短的时间发现了市场的甜蜜点（指最适或最佳解决方案），即找到了畅销产品的成功关键。

如果对哪个产品能得到市场认同没有把握，倾听消费者心声是上上策。不过，从反复验证假说到锁定畅销产品的速度，取决于产品的开发速度。从开发产品、推出上市、根据反馈开发新产品，再到新产品问世，这个循环必须讲求速度。如果推出一个产品要花费两至三年的时间，就失去了验证的意义。企业内部的开

图4-1　　索尼 CD 播放器的研发策略

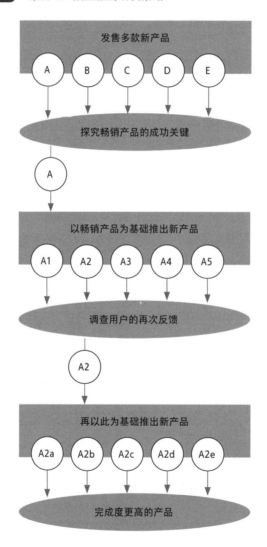

发体系必须具备在短短数月之内推出新产品的能力。

建立这样的开发体系绝非易事，不过，一旦做到就能换来压倒性的竞争优势。索尼推出 CD 播放器之后，其他品牌随即跟进推出类似产品。然而，每当对手的新产品上市，索尼就再次推出更新的产品，导致其他品牌只能在后面苦追，最后索尼大获全胜。

验证假说非常重要。在产品开发阶段，市场调查是掌握消费者需求的不可或缺的一环，然而以今日消费者需求日趋多样、流行趋势更新过快的情况而言，市场调查往往派不上用场。尤其是开发市面上不存在的概念性商品时，市场调查根本不足采信。什么东西会大卖？问消费者就知道！话是没错，不过如果将此奉为圭臬就危险了。为什么呢？因为有时候消费者未必能将内心需求完全表达出来，甚至可能连自己需要什么都不清楚。因此，像索尼这样由制造方将产品当作沟通信息，一波接一波地传送给市场以刺激消费者，再视其反应反复修正基本概念的产品开发方式能收到极大成效。

市场测试法成效佳

消费者刺激式研发策略进行得顺利的话，效果会很惊人，不过前提是企业有足够的资本。市场测试是退而求其次的、更为普遍的假说验证法。

市场测试是指在产品上市之际，在事先选定的市场或渠道，比照全国上市的条件（同样的营销活动、渠道设定等）试行销售。

市场测试主要是测量初次购买、重复购买与广告、促销之间的联动性，瞄准日本国内市场，在正式推出产品前针对产品规格、销售计划、产品需求等进行修正。这么做能将生产计划的风险最小化，提高营销活动的效益。

顺带一提，日本在进行国内市场测试时，通常以静冈、札幌、广岛等地为实施对象。原因是这些地区的收入、偏好等分布情况相当平均，可视为全国市场的缩影，而且这些地区也具备完整多样的广告媒体等。

市场测试事实上就是假说验证。例如，假设电视广告有 A、B 两种版本，想确定哪一种较好时，可先在部分地区播放。再比如，想知道 A、B 两种产品的包装哪一种较具吸引力时，可在部分地区试卖。若在全国同时上市，所需成本太过庞大，因此先在特定区域试水。在正式开展计划之前进行先导性的测试，可得到准确率相当高的验证结果。

有些企业只凭一时的念头，未经验证就正式展开行动，以致遭受了重大挫败。至少做一次验证，使假说得到进化之后，再正式推动计划，这样可使风险大为降低。

实验验证法只适用于部分情况

通过实验来验证的道理不难了解，不过仅适用于部分情况。例如，店内设计、商品陈列的变动等，就适用实验验证法。服饰、食品之类重复购买率高的行业进行的产品改良，从广义来说也是反复进行假说、实验、验证的过程。在这些行业较容易通过实验进行验证。

反观汽车厂商、制药公司等开发费用庞大，是容易大赚大赔的产业，就没那么容易进行实验了。再者，有关企业的重大决策，例如跳过批发商、开创新事业等影响面较广的情形，也不适用实验验证法。

此外，即使只是牵动小层面的决策，一旦重复进行实验，对于企业而言仍是相当大的负担。

因此，接下来要介绍的讨论验证法与分析验证法，就现实层面而言意义更为重大。彻底的讨论与分析，能有效提高假说的精准度。有时，根本不用进行实验，就足以让假说进化到相当精准的地步。

4.2　通过讨论进行验证

参加成员与场所没有限制

在建立假说、验证假说、深化假说之际，讨论是很有效的方法，称得上假说思考的基本技术。

讨论是验证假说的好机会。虽说自己验证自己提出的假说也是一种方法，不过，在经验不足的阶段不容易做到。不如通过与他人对话来进行验证，这样不但节省时间，也轻松许多。

参与讨论的成员与进行讨论的场所并无特定限制。例如，在和团队成员、同事、上司或下属讨论的过程中，可提出自己的假说，寻求他人的意见。企业管理顾问的话，可用的方法包括直接与客户讨论自己的假说，或是直接与市场上的商品流通业者、消费者讨论。哪怕客户不认同你的假说，只要能获得末端使用者的青睐，就是强有力的说辞。

前文提到的访谈也可以说是广义的讨论。如果访谈时不只是拘泥于采访，还能提出事前准备好的假说共同讨论，那么解决问题的速度将进一步提高。

独自闭门造车难免会有盲点，更糟糕的是，万一走入死胡同，往往会不自觉地在原地打转。多和同事或相关领域的前辈讨论，能让自己的见解更为进化，避免发生理解错误或一厢情愿的情况。当你需要提出惊人的大胆构想时，那些在该领域属于门外汉但见多识广的人物或是资历尚浅者，反而能协助你激发出前所未有的创见。

切记，在公司内不要怕丢脸

最常见的讨论要数公司内部的讨论。在 BCG 也经常可见，有时是项目成员在会议中各自提出假说与众人讨论，有时是和与项目计划无关的成员进行自由讨论。

刚开始时，就算内心有想法，也会担心："万一假说出错，岂不丢脸？"可是，年轻人就该不怕失败、勇于犯错。事实上，一个人闷头苦思往往是浪费时间，不如及早提出想法进行讨论。甚至还可以大胆提出粗略的假说，交由对方判断这个想法是有趣还是荒唐错误。

在公司以外的场合参与讨论时，若提出焦点失准的假说而颜面尽失，可能会造成严重的问题。可是，既然是公司内部的讨论，那么就算丢脸、出错，都没有关系。只要你记住"公司内不要怕丢脸"的原则，即使是突发奇想的假说，也不妨提出来讨论。如果只想避免丢脸，则会倾向于把假说留待接近完美时才提出来与周围人讨论、找出答案。然而这实在太花时间，结果往往是在有效解决方案出现前不了了之。因此，在公司内别怕丢脸，就算假说还不成熟也要尽早抛出想法，在旁人的良性刺激之下进行修正，让假说得以进化，这才是最重要的。

和项目小组成员以外的人聊一聊，或在非正式场合进行的讨论，其实对假说有很大帮助。如果需要保密，当然必须得谨慎。不过，在假说验证遭遇瓶颈时，往往能从讨论中得到有用的线索。

预想假说的深化与进化

要提出自己的假说，然后进行验证，进而深化并进化假说。

以过去的某个项目计划为例，企业管理顾问提出一个假说："将目前的分散型计算机整合为一部大型计算机，可以有效降低整体成本。"当时，许多企业认为大型计算机金额庞大，不如改用多部分散的小型计算机，成本效益反而更好。在小型化风潮大行其道之际，这位企业管理顾问竟然提出了独树一帜的假说。刚开始时，在公司内部的讨论中也多有杂音。可是，和多人陆续谈过之后，大家发现公司的资料性质单一且数量庞大，与其用多部中型计算机处理，不如集中于一台大型计算机处理，工作效率与经济效益皆可提升。这个假说经过小组讨论得到进化，而后小组又进一步想象客户的反应。多数小组成员认为，客户恐怕会有疑虑："想法是挺有趣的，可是真的能办到吗？符合经济效益吗？"于是，项目小组从数据分析、技术的实践性等层面进行验证，在经过确认的前提下，向客户进行提案，结果获得了客户的认同并正式实行。

向客户提出假说前，要经过分析

企业管理顾问在提供咨询服务的过程中，有时会直接向客户提出假说。在这种情况下，不可单凭一时兴起的想法贸然向客户提出假说，必须先经过分析。

例如，想要向航空公司提出跳过旅行社、直接对接消费者的营销构想。如今，我们可以通过客服中心、网络、手机完成机票预订，旅行社存在的意义越来越小。过去，由于纸质机票的关系，必须靠旅行社交付机票，然而，随着电子机票、无票化的发展，旅行社进一步失去了存在的意义。于是，"旅行社无用论"的假说成形了。这时候，应该先针对旅行社与直接营销这两种情况，进行经济效益的比较分析。

不难想象，客户对这一提案可能产生的意见是："经济效益是可以理解的，不过旅行社还有附带的信用功能。"意思是说，当消费者因某种原因无法付款时，旅行社就要负担代偿的责任。接下来应讨论下一个问题："以现状而言，作为终端消费者的企业与旅行社比较起来，倒闭风险何者为高？"假设旅行社的破产率高于一般企业，那么通过旅行社订票的方式将面临更高的信用风险。如上，通过讨论可完成假说的确认。

有效讨论的诀窍

进行讨论之际，有哪些诀窍？又该注意些什么？

① 一定要建立假说

首先，心中毫无假说、不具想法，犹如带着一张白纸一样去与人讨论，还一味地想从对方口中得到答案，未免太过一厢情愿。既然想从讨论过程中导出结论，必须先有一套自己的假说，再以此为起点展开讨论，这是最起码的原则。如果自己没有进入状态，只期待对方给出答案，那么最终什么也得不到。

当然，假说不需要精确完美，就算是半成品也无妨，重点是拿到台面上谈。"我不太有把握，只是觉得……可能……"，即便是这样也没关系，总之就是大胆地提出假说。就算不对，反正周遭一定有人相当了解该问题，或者抱持完全不同的观点，只要能经由讨论使假说得到验证与进化就已足够。

② 不否定假说，以进化为目标

在讨论过程中，如果有人提出半吊子的假说或错误想法时，通常的反应是指出假说或想法的谬误。然而否定不会带来进步，所以不要一味地否定，应该提出建议，例如："某某想法会不会比较接近答案？""如果加入某某观点，您觉得怎样？"这是透过讨论，验证假说并进化的诀窍。

③ 表面落败，实则是赢家

讨论的最大重点，在于聆听对方说话，站在了解对方发言真意及动机的基础上给予回应。讨论的目的不在于争个你输我赢，而在于假说的验证与进化。因此，与他人讨论之际，要牢记这一点，必要时甚至不惜"丢掉面子，赢得里子"。

④ 小组成员要分工

想让讨论成功进行，有时得让成员扮演不同的角色。以成员组成结构为例，要包括想法天马行空的角色、对旁人意见采取批判态度的角色、汇整所有人意见的角色等。角色分配若正巧符合每个人的特性，那当然再好不过。不过，必要时也可要求平常天马行空的人配合扮演意见汇整者的角色。讨论中若有不同角色、不同个性的成员参与，讨论的范围会更宽广，假说的验证也会进行得更顺利。

4.3 通过分析进行验证

分析的基本原则：先求有，再求好

分析在验证阶段也很重要，不过不见得要非常精确严密。为验证假说而进行分析时，请记得，诀窍在于一开始采取"先求有，再求好"的粗略（quick-and-dirty）方式，针对最基本的要素快速而简略地进行分析。有时，甚至是随手一拿手边的信封，就在背面空白处开始计算，因此又称为"信封背面分析法"。

这种分析的主要目的在于让自己信服。通过快速验证，了解自己建立的假说是对是错。

接下来是进行正式分析。这是为了避免细节的错误，用以说服他人。不过，分析时不必讲求严谨绵密或规模庞大，能否提供决策所需的判断力才是最大重点。工作上的决策分析有别于学术论文的分析：学术论文的分析讲究正确性与严密性，任何人的结果都必须一致；工作上的决策分析则无如此严格的要求，有效数字在个位数就可以了。

例如，针对项目计划通过与否进行决策时，成功概率是83%也好，79%也好，都不影响最后的结论。两者估算的成功概率同为八成左右，所以都会获得"通过"。再例如，假设成功概率有

43% 或 39% 两种可能，那么结论还是一样，都不会获得"通过"。只要能得知成功概率是落在八成还是四成，就足以下定结论，具体的数字没有太大意义。

执着于精确的数字有时会导致误判，一旦进行分析，要求数字精确到小数点后一位的人也不在少数。举例来说，我们经常在问卷调查结果公布时，看到"赞成比例为 66.7%"之类的分析结果，让人产生 1000 人当中有 667 人赞成，赞成人数相当多的感觉。然而，这背后代表的事实不过是在三人当中有两人赞成罢了。以这个例子来说，只要三人当中再有一人反对，结果就翻盘了。像这样一味关注数字细节而忽略数字背后的本质，结果可能会造成误判。

因此我常说，经营所需的数字，有效数字在个位数就够了。

分析的目的有三个

在透过分析进行验证之前，先谈一谈分析的目的。一般认为，分析的目的不外乎以下三个：①发现问题；②说服对方；③说服自己。

① 发现问题

当病患求助于精神科医师或是心理治疗师时，多半是期待他们能看出病人本身不知道、未曾发觉的事或真实情况。这和企业委托企业管理顾问提供咨询服务是同样的道理，客户期待企业管理顾问找出自己未察觉或忽略的问题。

此时，精神科医师或企业管理顾问会通过分析，发现客户面临的问题，或者就现状给予诊断。

② 说服对方

发现问题之后，为了让对方了解也好，为了说服对方也好，都得借助于分析。

例如，某制造业的商品开发负责人，对于自己开发出特别棒的产品却得不到市场的掌声一事，归咎于业务与营销的失败。然而，实地调查之后发现，业务、营销与其他品牌相比毫不逊色，问题反而在于产品竞争力不足。对于这项结论，该负责人想必不会轻易认同。

于是，必须针对产品比不上其他品牌的原因，或是消费者对于该产品的看法进行分析，以说服该负责人。

③ 说服自己

我们对于问题的真正原因通常自有看法，此看法是否正确？有无其他答案？这需要我们通过分析来让自己信服。

先有假说再分析

如上所述，分析的目的林林总总，而无论基于哪一个，重点都在于验证假说。不能在漫无目的地分析之后才整理问题。首先要根据问题建立假说，而后针对其正确性进行验证，这才是分析的正确态度。

为什么呢？当我们为验证假说进行分析时，分析范围受限，工作量也能控制在最低限度。若不顾这一点，一味想从分析结果中得到新发现，就会像无头苍蝇一般，这也分析，那也分析，最后在信息洪流中惨遭灭顶。

如今计算机已非常普及，有了数据，什么分析都能做。例如，只要试算表软件在手，无论是相关分析还是多变量分析都能轻而易举地办到。再比如，若想运用专门的分析软件进行分析，不要说连续分析一个星期，哪怕是连续一个月，甚至一年，都不是什么难事。然而，像这样毫无问题意识的分析，做了也不具有任何意义。

4.4 定量分析的四种基本方法

分析可分为以数据为分析主体的定量分析，以及不靠数据，根据访谈记录、经营者理念或消费者心声进行的定性分析。只靠定性分析即足够的情况下，就不必进行定量分析。不过，在验证假说之际，多半是采用定量分析。

以下介绍了定量分析所需的四种基本方法。了解相关分析手法，对于验证假说有所帮助。

方法一 比较差异分析法

比较差异是最浅显易懂的分析法，即将两三项事物加以比较，关注其差异之处。例如比较市场占有率、营收、成本与价格等，来调查客户满意度，并将结果量化。下面通过实例，说明如何运用比较差异分析法进行假说验证。

案例分析：清洁保养用品的各渠道损益

图 4-2 是某家清洁保养用品厂商主力商品的各渠道损益比较分析。

图 4-2　清洁保养用品的各渠道损益

	综合型量贩店	超市	低价折扣店
厂商售价	720	720	720
促销费用	95	50	30
销售回扣	70	20	15
销售折扣	30	30	30
销售净额	525	620	645
原价	540	540	540
营业费用	50	60	10
利润	−65	20	95

（日元 / 件）

被认为最不易获利的低价折扣店的收益最高

当时，业界普遍把综合型量贩店，如伊藤洋华堂、永旺视为优良渠道。基本上综合型量贩店的最终市价（末端价格）相对较高，能以接近制造商理想的售价进行销售。而且，进货时多能采纳制造商的报价。基于以上理由，综合型量贩店成了制造商眼中的优良渠道。

反之，低价折扣店不断压低商品的市场价格，购入时以大量采购的优势，要求大宗折扣价。基于以上理由，低价折扣店被评为不受制造商控制的渠道。

在这种情况下，一位企业管理顾问提出了他的观点：被制造商唾弃的低价折扣店，才是对制造商与消费者最具贡献的渠道。试将各渠道的获利情况对比一番，看看结果会如何。

图4-2当中，厂商售价是指制造商针对个别渠道设定的售价。促销费用是指给予店面的活动赞助金及陈列商品所需的海报费用等。销售回扣是指返回的部分货款，销售折扣是依营业额高低给予的折扣，通常折扣的项目种类繁多。

所有折扣项目合计的结果是，向来被视为优良渠道的综合型量贩店得到将近200日元的折扣，相对于720日元的售价来说，制造商的销售净额为525日元。反观低价折扣店，扣除所有折扣之后，制造商仍可得到645日元的销售净额，是三种渠道当中销售净额最高者。

再根据业务人员花费在各渠道的时间多寡来比较营业费用。对于低价折扣店，不需多花时间拜访；对于综合型量贩店与超市，则一年中需要不时拜访他们的采购人员，耗费了较多的营业费用。扣除营业费用之后，所得结果是，综合型量贩店每卖一件商品就亏损65日元，而低价折扣店每卖一件商品就创造95日元的利润。

当制造商认定综合型量贩店为最佳客户时，会对综合型量贩店大量铺货，对价格破坏的始作俑者——低价折扣店的出货意愿则更低。然而，经过各渠道获利情形的比较分析之后，发现今后提升获利之道在于多向低价折扣店铺货。

方法二 时间序列分析法

追踪特定时期的变化趋势时，可运用时间序列分析法。

许多企业对于营收较上一年度增长多少，盈余是否增加，市场占有率是否扩大等，都保持着高度关注。然而，会持续追踪过去五年、十年变化趋势的企业非常罕见。经营企划人员拟定中期计划时，通常会参考历史数据，可是以十年、二十年为单位的，放眼业界几乎没有。

尽管如此，企业未能察觉的真实状况往往随着观察时期的拉长，逐一浮上台面。

案例分析：各汽车厂商新车销售台数与销售点数量的历年变化

日本各汽车厂在国内的市场竞争激烈，他们曾为了提高市场占有率，广增销售点数量。另一方面，鲜少传来汽车经销商获利的消息。于是产生了一个假说：经销商家数与市场占有率呈正相关的想法不过是一厢情愿！实际分析的结果如图 4-3 所示，为1985 年至 2001 年的十六年间，各汽车厂商新车销售台数与销售点数量的变化情况。

图中的丰田汽车数据显示，新车销售点数量一度停滞，不过整体为上升趋势。然而，在新车销售台数方面，除了前几年出现大幅增长以外，之后转为下降趋势。由于该表统计的是总销售量，而非单一销售点的销售台数，可知每一销售点的平均销售台数的降幅应该更大。也就是说，尽管丰田汽车的市场占有率维持在四

图 4–3 各汽车厂商新车销售台数与销售点数量的历年变化

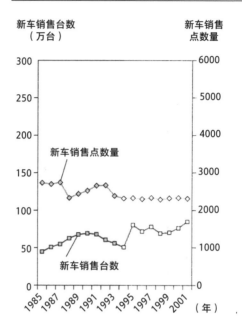

本田技研工业

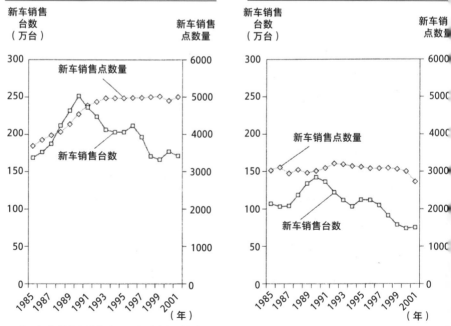

注：新车销售台数包含乘用车（含轻型车）、卡车、巴士。
资料来源：汽车新闻社日刊、日本汽车会议所编著《汽车年鉴》，BCG 分析

成，为市场的领先者，不过，从销售效率这一点来说，表现并不
及格。

本田技研工业（以下简称"本田"）的销售点并未增加，长
期来看反而稍呈减少趋势，相较之下，销售台数有所增加，所以
从销售效率的角度而言，本田表现出了高水平。一般人只从市场
占有率分析，只看到丰田的市场占有率上升，本田的市场占有率
下降，殊不知从销售效率的角度来看，本田才称得上资优生。

日产汽车的销售点并未增加，不过由于销售台数也同步减
少，虽然销售效率比丰田好一些，但还是比不上本田。

上述事实可通过时间序列分析法清楚看出。从长期来看，
"增加销售点，销售台数亦会增加"这个汽车产业的常识是错
误的。

方法三　散布分析法

要分析种种现象当中是否存在某种相关关系，或是否存在某
种特点、异常之处时，可运用散布分析法，这种情况下经常使用
散布图。

案例分析：各零售商的家电用品获利分析

这是来自某家电企业的咨询案例。该厂商为提高某产品的获
利率，酝酿调涨大型零售业者的进货价。原因是考量了厂商与零
售商的利害关系，中小零售商的进货价相对易受厂商支配，使厂

商能以较好的价格出售产品，确保利润。相较于此，以山田电机、BIC CAMERA（电子产品零售商）为首的大型量贩店商家，面对厂商则颇为强势，往往拼命压低价格。除此以外，他们动辄要求种种配合，例如派遣售货人员进驻、特制宣传单，甚至要求开发生产独家商品等，常常导致厂商营业利润出现大幅亏损。根据这个逻辑，若以横轴为营业额规模，纵轴为获利率，则图像应该呈现营业额越高、获利率越低的向右下倾斜的趋势，即负相关性。

不过，我们提出的假说是，与中小型零售商的交易往来更具改善空间。

为证明假说，我们实际计算了厂商的全部客户创造的获利率。首先，算出各零售商的售价；其次，将业务人员在各零售商花费的时间换算成金额，除以各店营业额，即得到营业费用占营业额的具体比例；再将促销费用，例如陈列卖场所需的促销材料费、按营业额计算的买卖佣金、派遣店员的成本等换算成实际金额，累计在实际成本上；将这些实际营业成本与生产成本、总公司的间接费用相加，再从售价中扣除，即得到实际营业利润。

将这些数字一一在图中标出，就如图 4-4 所示。这就是所谓的散布图。图中每一点就代表一家零售商。

该图显示，营业额与获利率之间几乎完全不相关。其中最重要的因素之一是，通常由业务人员自主判断并决定中小零售商的售货价格，在想冲业绩时通常会在价格上让步。因此，零售商可

各零售商的家电用品获利分析

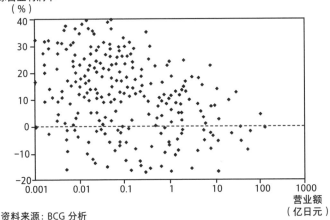

资料来源：BCG 分析

分为折扣高与价格僵持两种类型，无关其规模大小。再者，业务
人员越是勤于拜访方便走动的零售商，越是造成了单位营收占营
业成本的大增。反观大型零售业者，尽管他们大砍进货价格，由
于营业额足够高，在单位营收中业务人员的人事费用所占的比例
其实不高。

　　根据以上分析，厂商决定对中型以下的零售商与大型零售
店，分别采取不同的措施。针对中型以下的零售商，定价政策改
由企业统一制定，一举淘汰实际亏损的店商。而针对大型零售店，
以本公司获利率取代营业额考量，进一步强化与利润空间较高的
零售商的业务关系，以创造更高的利润。结果，该厂商的获利率
得到大幅改善。

方法四　因数分解法

分解问题成分以探索真正原因的分析手法，称为"因数分解法"，指在问题的层层分解过程中，找出最终要点、根本原因。

在此介绍食品加工商 D 公司的案例，说明该公司如何运用因数分解法，厘清市场占有率偏低的原因。

案例分析：分析食品加工商市场占有率偏低的原因

首先，如图 4-5 所示，将决定各厂商营业额的重要因素进行

图4-5　食品加工商 D 公司营业额的因数分解

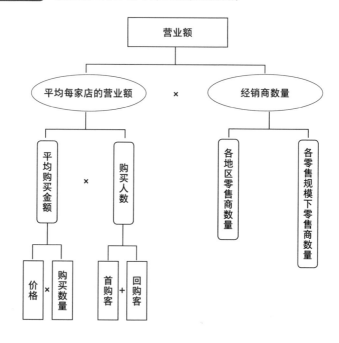

因数分解。将 D 公司与主要竞争对手 E 公司实地比较过后，发现以下事实：

首先，D 公司的营业额是由该公司产品的经销商数量与平均单店的营业额相乘得出的结果。其次，将 D 公司产品经销商数量，依据零售商规模划分为大型店、中型食品超市、以街上的小零售商及便利店为代表的小型店；同样道理，可将北起北海道，南至九州的经销店依区域加以细分。另外，针对平均每家店的营业额，可分解为 D 公司产品的购买人数与平均购买金额。接着，可将 D 公司产品的购买人数细分为回购客与首购客。而平均购买金额，则可分解为购买数量与价格。

同时，将同一方式套用在竞争对手 E 公司上。

根据实际分析之前的假说，D 公司的产品无论质量、口味都不输 E 公司，消费者只要买过一次，肯定会再次购买。由此可推想，D 公司的问题若不是因为产品经销商的数量原本就比较少，就是因为在实际出手的消费者中，首购者比较少。

就因数分解后的数字仔细研究了一下，发现以经销商的数量来说，尽管确实比竞争对手少了一点，可是差距小到几乎不相上下。另一方面，挑选部分零售商以实地调查消费者的购买行为，结果显示无论哪一家经销商，总购买人数都低于 E 公司，尤其是回购客明显比不上对方。看起来，这个调查结果完全推翻了原先的假说。可是，回购客的不足，其实是因为首购人数的绝对数字太小，连带使得回购客的总数难以增加，这才是最重要的原因。换句话说，调查结果显示消费者明明只要买过一次，就可能成为

D公司的忠实顾客，偏偏许多人一次也没买过。从图4–6中可以清楚看出，D公司的回购率与E公司不相上下，主要是输在购买经验率（指消费者曾经购买该商品的比例）上。

　　D公司为提高市场占有率，积极展开各项活动，例如：在店面举办试吃活动，让消费者有机会吃到D公司的产品；分发样品让消费者免费试吃。

　　了解这种分析方法，对于验证假说有极大的帮助。

图4–6　　各品牌购买经验率与回购率

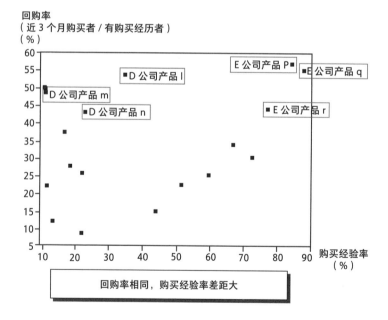

第 5 章

提升假说思考能力

5.1　好的假说源于经验衍生的敏锐直觉

培养直觉、第六感？

至此，我针对如何为项目计划建立假说，而后验证并进化假说做了一番说明。本章则从能力的角度，谈谈如何提高假说思考能力。

假说思考能力一旦获得提升，可以使我们从一开始就能提出高明的假说，几乎可以完全避免验证之后发现假说错误，再回到原点重新建立假说的情况。最起码也能确保提出好假说的概率。

换个说法，就是从一开始就能提出进化后的假说。在我们的潜意识当中，假说已经在脑中快速完成了验证工作。当假说浮现在脑海的同时，我们就开始思考："不，不是这样，也不是那样……"从各种不同角度展开验证，才能在短时间内使假说得到进化。同理，企业管理顾问也是靠丰富的实战经验，在无意识中令大脑展开验证假说的工作，使第一次提出的假说就能成为进化后的假说。简单来说，就是假说的建立、验证与进化已经融为一体。要达到使头脑在无意识中验证假说的程度，必须具备相当丰富的经验。

那么，怎样才能成为具有假说思考能力的高人呢？

请设想一个专家与门外汉挖掘石油的情况。人在地面上，谁也无法看穿地底下的油田。从这个角度来说，两者的立足点是一样的。然而，实际勘探的结果是，专家找到油田的概率较高。原因就是经验。身经数以千计的石油勘探工程的专家做出的判断："从这里开挖"，在门外汉听来或许满腹疑问："为什么是这里？"可当实际开挖，这里真的就是油田！

这和神探可伦坡、绅士刑警古畑任三郎锁定罪犯的方式有异曲同工之处。这两者都是电视影集中虚构的主角，不过，神探可伦坡、刑警古畑任三郎都是运用假说思考的方式，自始就锁定"疑似罪犯的人物"，而后展开严密的调查——这是一种假说导向式的办案方式。在剧中其他相关人等的眼中，对于该名人物为何遭到锁定一定百思不得其解。

一般人多以"直觉敏锐""第六感超强"之类的字眼笼统解释，其实这么说不够完整，应该说是源于积累过丰富经验的直觉或第六感。

在商务中面对待解课题时，就如勘探石油一样，几乎每个课题都是无法轻易看透答案的难题。问题一出现就要立刻找到答案，除了先知，谁能办到？也正因为如此，假说才如此重要。

至于为何能凭直觉找到答案，要归功于假说与验证的经验。好的假说源于经验衍生的敏锐直觉。假说的形成有赖于经验的累积，要达到只凭少量信息就能提出高明假说的地步，除了累积经验别无他法。要大胆提出假说，万一错了就另起炉灶。如果假说出错了，下次就要试着加入新的要素，让假说得以进化。只要还有可能，就要让假说再次进化。培养假说思考能力的训练方法，就在于反复进行上述过程。

训练一　不断思考"所以呢?"

事实上，假说思考的能力是可以训练的。方法之一是，在平常就养成不断思考"所以呢?"的习惯，对于周遭发生的现象，持续思考其背后代表的含义。

举个具体实例，苹果的随身音乐播放器 iPod 在市场上掀起热潮，当听到这个消息时，你要去联想"所以呢?""那会怎样?"。也就是说，想一想当 iPod 大行其道时，会产生什么影响。

iPod 的流行会对许多领域产生影响。

举例来说，iPod 一旦流行起来，过去在随身音乐播放器市场中最举足轻重的随身听，恐怕就要面临市场萎缩的情况，索尼的业绩将大受影响。连带索尼的股东可能会考虑卖掉股份，经营层也可能会考虑改变策略。

苹果计算机的业绩得到改善，有望带动股价上涨，使得苹果股票的买盘涌入。IT 产业、计算机产业的版图也将面临重整。其实，索尼的股价下滑可能只是暂时性现象，真正长期受到严重影响的恐怕是微软的股价。既然如此，微软极可能会提出新的对策。

再例如，一旦形势演变为能下载音乐并能随身携带，则音乐产业、CD 唱片业可能产生重大变革。说不定年轻人的主要花费将由手机、餐饮费转回音乐。如此一来，恐怕会打击 NTT DoCoMo（日本的手机运营商）的股价。假设 NTT DoCoMo 能先发制人，朝手机结合 iPod 一体化的方向发展，或许将带动 NTT DoCoMo 的股价上扬。

如上，iPod 风行的现象所能引发的"所以呢？"的想法不胜枚举。

如果能养成习惯，随时关注周遭发生的现象，"所以呢？"将伴随你逐步养成假说思考能力。

训练二　反复自问"为什么"

方法之二，是反复自问"为什么"。BCG 将此方法执行得非常彻底，至少会反复进行五次。平常若能养成这种习惯，也能培养出假说思考能力。

举例来说，针对问题"职业棒球为什么人气不再?"，人们会在反复自问"为什么"的过程中，思考原因与对策。例如以下范例：

第一层："职业棒球为什么人气不再?"

　　→"职业棒球很无趣。"

第二层："职业棒球为什么很无趣?"

　　　→"因为没有职业棒球明星。"（继续深入探讨）

　　　→"因为球队没有用心取悦球迷。"

第三层："为什么没有职业棒球明星？"

　　　→"因为职业棒球明星都出走到美国大联盟了。"

　　　→"因为有潜力的年轻选手都不进入职业棒球。"（继续深入探讨）

第四层："为什么有潜力的年轻选手不进入职业棒球？"

　　　→"因为职业棒球薪水少。"（偏离事实，这点很容易确认＝可验证）

　　　→"足球之类的运动项目对年轻人较具吸引力。"（继续深入探讨）

第五层："为什么足球吸引年轻人？"

　　　→"因为日本职业足球联赛很有魅力。"

　　　→"因为中田英寿、中村俊辅等人在欧洲很活跃。"

　　　→"因为有世界杯足球赛。"

　　　→"因为转移队籍到其他国家的可能性高。"

　　　→"因为地方上的俱乐部球队从小就开始培育选手。"

　　如此连番自问五次"为什么"之后，对策就越来越清楚了。其中，有值得职业棒球仿效之处，例如第五层的假说，即足球运动的发展策略是通过俱乐部球队强化与地方的互动。许多足球选手自初高中阶段起，便接受所属俱乐部球队的培育，具有潜力的年轻选手也开始编织明星球员的梦想。如欲重振职业棒球或许可以此为师，建立假说："应转型为和地方互动性更强的运动项目"。再比如，日本足球在世界足坛中的表现相当活跃，日本职业棒球或许也可以朝着和美国职业棒球大联盟结盟组成新联盟，或比照中央、太平洋两联盟对战的方式，在赛季中举办美日职业棒球对抗赛等方向发展。重点是，日本职业棒球必须由封闭走向开放，转变为和他国联盟对战的形态。

再看丰田汽车公司，同样将"重复问五次为什么"奉为改善工作的基本原则。"重复问五次为什么，这样得到的不只是表面的原因，而是真正的原因。"被尊为"丰田式生产之父"的大野耐一带着这句话巡走于各工厂，让丰田式生产方式从此定型。

5.2 在日常生活中反复训练

从每天发生的事情中预测未来

根据日常发生的事情、感受，假设对未来将产生何种影响，这种方法也是提高假说思考能力的一种训练。

例如，请想象"老龄化社会的到来，会带动什么商机?"日本正以全世界前所未有的速度迈向老龄化社会，预计 21 世纪中期过后，即将进入全体国民每三人即有一人年龄超过 65 岁的超高龄社会。届时最大的商机会是什么? 不妨试着建立你的假说。

"老龄化社会的到来将造成什么影响?"针对这个问题，倘若我们建立这样的假说:"空有财富却不花钱的银发族越来越多。"那么，接着可建立进一步的假说:"将爆发遗产管理的商机。"

倘若你建立的假说是"银发族会进行各种消费"，那么可进一步建立假说:"银发族商店将大行其道""银发族与孙子女的成套商品、服务可能大受欢迎"。

再者，如果你的假说是"活动力强的银发族会越来越多"，那么可进一步提出假说:"运动、旅游、休闲活动的潜力无穷。"

以周遭发生的事物为出发点，针对未来的演变建立假说，是很好的自我训练。下面，介绍几个有实际场景做搭配的训练法。

由新闻报道引发思考

这一训练方式是，针对报纸刊载的新闻事件的背景原因建立假说（即原因假说），然后加以验证。

例如，报上刊登"某企业年利润创历史新高"。于是，脑中开始形成以下假说：

a. 该产业行情大好→其他企业获利情形如何？

b. 日本经济全面复苏、景象繁荣→日本全部企业的经常性净利润表现如何？

c. 营收增长→增长原因为何？→新产品的增长？现有产品的增长？新事业部门的增长？

d. 成本降低→观察成本率的变化→采购成本有效降低？产品品项数减少？库存降低？人事费用紧缩？

e. 新产品热卖→实际检视畅销商品创造的营收效应→效应出乎意料地偏小。新产品获利率如何？

f. 组织成功重整→详细调查具体措施→精简人事？裁撤、出售事业部门？处分资产？

g. 领导阶层的变动→前后有何变化？对业绩有何影响？

实际练习的时候，在建立原因假说的阶段，可直接略过已见报的信息。首先建立假说，之后从《四季报》（日本分析上市公司的专业财经杂志）或网络搜集信息，以验证假说。

由电视的热门话题引发思考

边看电视边对引发自己关注的事件提出假说。例如，可试着为韩剧在日本掀起热潮的原因建立假说。

从韩国的角度提出假说

a. 韩剧男演员抓住了日本女性的心（流行）

b. 纯爱主题契合日本女性需求

c. 韩国戏剧的制作方式有别于日本（节奏较缓慢，题材偏向家庭伦理等）

d. 日本人开始发现韩国特有的魅力

从日本的角度提出假说

a. 日本观众开始感觉到本国电视剧情节老套，失去新鲜感

b. 日本较少为中老年妇女打造优质电视剧

c. 对照日本的时代背景——国力渐走下坡，国力越来越强的中、韩等国的戏剧受到青睐

想想看"所以呢？"

a. 收视率被韩剧抢走，日本的电视公司将面临衰退？ →不太可能发生的情况。就算韩剧再怎么掀起热潮，毕竟播放时段只占一小部分，更何况还没达到全日本所有阶层都普遍接受的地步。

b. 今后除了韩国以外，包括中国、新加坡、泰国在内的亚洲各国的戏剧、明星也将在日本发光发热？ →本国商机何在？

c. 日本的电视剧制作方式、当红明星将产生大地震？ →

推测未来什么剧种当道、哪个明星会走红，两三年后即可得到验证。

由职场话题引发思考

运用职场上的话题进行自我训练。例如，遇到讨人厌的顶头上司时，该怎么办？要广纳各种不同意见，和同事从正反两个角度好好讨论一番。假设有一派意见为"耐着性子小心伺候为上"，另一派的意见则是"做好不惜发生冲突的心理准备，捍卫自己的行事风格，这对确立个人的职业生涯有正面助益"。

如果你倾向于"耐着性子小心伺候为上"，则可继续展开以下论述：

a. 只要那位主管的能力够强，尽管讨人厌，跟着他还是可以学到很多，对自己的成长有益。

b. 不是他，就是我——总有一天得面临职务调动。所以再忍个一两年，下一个主管会更好。

反之，如果倾向于"做好不惜发生冲突的心理准备，捍卫自己的行事风格，这样对确立个人的职业生涯有正面助益"，那么后续推演如下：

a. 忍耐也没什么好处，不如贯彻自己的想法，有助于心灵健康。说不定还能获得其他主管的认同，知道自己是有骨气的人。

b. 就算主管调离现职，也不能保证下任主管一定跟自己合得来。既然如此，与其把时间花在讨好主管上，不如全力建立自己的行事风格，这才是长久之计。万一还是合不来，也没什么大不了，顶多就是主动申请调职。

不妨试着以这种方式进行探讨。当然，跟讨厌的主管顶嘴，不仅要冒着考核被评为差等的风险，而且还可能会被孤立。在这种情况下，不妨认为彼此之间有交易关系，探讨选择其一将会获得什么、失去什么，这和企业欲改变现有策略所引发的讨论，本质上是一样的。

由家庭话题引发思考

可以试着探讨一下家附近生意兴隆的餐馆与乏人问津的餐馆之间到底有何差异。

首先该讨论的是"口味"与"价格"。除此以外，地点、菜色、建筑物、内部装潢、服务等也是重点。还有，附近是否有竞争对手也应一并列入考虑范围。充分探讨以上各点之后，试着根据自己的看法建立假说。

当然，致胜关键可能是种种个别因素当中的某项压倒性优势。然而，更常见的情况是，关键点不在于个别因素的强弱，而在于目标定位与提供的服务是否相符，甚至是附近是否存在目标客户群体相互重叠的强大对手。

把自己的假说提出来和家人、邻居谈谈，也是很好的训练。讨论结果产生之后，可以假设自己是餐馆老板，针对该改变与不该改变的地方，设想行动方案。

顺带一提个人的经验。我经常在外出购物时，建立有关店家的假说，接着向店员询问（验证）。

例如，我会问："最近附近有家购物中心开张，是否造成了客人流失的现象？"没想到，店员的回答完全推翻了我的假说，他说："多亏那家购物中心带动了附近的客流量，我们也连带受惠了！"这个例子让我们学到，商圈内的竞争会比单店之间的竞争更能影响客流量，就如涩谷与新宿两个商圈之间的竞争一般。

由朋友间的闲谈引发思考

可从彼此的共同爱好找到训练题材，例如高尔夫球。在一开始建立假说："打高尔夫球的水平高低与开球的距离呈正相关。"那么，要思考如何验证这一点。可以将朋友的平均开球距离与平均杆数或差点画成曲线，观察两者的相关性。假设两者不具相关性，就针对可能具有正相关关系的因素，重新建立假说。

进化后的假说，可将开球方向、切球、推杆等列入考虑因素。假设其中某一项为正确答案，那么你将从中导出什么行动方案（对策）？如果你本身不打高尔夫球，也可当作一般概论提出建议。

证明自己不相信的假说是对是错

补足自己不相信的假说，证明其正确性。

举例来说，对于走向破产的大荣超市，你认为真正的原因不是出在经营者身上，也不是因为运营方法拙劣，而是大型超市行业趋于没落。其他同行如伊藤洋华堂、永旺的大型超市部门也处于运营欠佳、获利不景气的情况，令你更坚信这就是真正原因。假设你对此看法深信不疑，却故意针对大荣的破产建立了一个假说——原因出在大型超市的运营方法不对，并且加以证明。你顺着此假说往下推展：

a. 店面改装、卖场布置的变动频率似乎较其他同行业者低。

b. 店员所受培训不足，客人在店里抱怨、不满的情形似乎较多。

c. 似乎未能充分运用销售点管理系统（POS），做好"畅销商品"与"滞销商品"管理，导致营业额的机会损失、滞销品的库存损失等问题频频发生。

d. 是否因为店面分散于全国，导致商品配送成本居高不下，广告也未能集中火力发挥规模效益，造成巨额损失。

将随意联想到的点一一列出之后，回过头来想一想，若依照自己原先的想法，该怎样进行反驳？

无论哪一种训练法，其基本不外乎拓宽假说的广度，验证假说，以"所以呢？"挖掘假说的深度。希望大家勇于尝试，建立有助于拟定行动方案的假说。

如果问题的主题与自己的工作没有直接关系，那么就算建立

了各式各样的假说，也无法在实际业务中派上用场。既然没有派
上用场，那么即使出错也不会造成任何损失。这是最大的优点。
不花一分钱就可以从事的训练，要多便宜就有多便宜。

5.3 在实际工作过程中进行训练

戴上对方的眼镜看事情

戴上对方的眼镜看事情，换言之，就是站在对方的立场思考。这有助于形成假说，激发有别于以往的想法或是更具建设性的提案。

举例来说，生产部门的员工总是不自觉地批评业务部门。例如营业额的预估太过草率，对生产计划造成不便；任意退回货品；对库存多寡毫不在意……抱怨多多。最后的结论往往是，只要业务部门不去了解生产部门的辛苦、不愿改变，就永远无法实现效率化生产。

这种想法不能说错，但是不会带来进步。不如试着站在对方的立场建立假说，这是一种拓宽假说广度的练习。

此时，应该假设自己是业务部门的一分子。业务部门之所以超额下单，首先，是担心生产部门无法弹性应对客户突如其来的急单，并不是毫不在意库存的增加。既然如此，倘若生产计划更有弹性，足以应付紧急订单，那么超额下单的情况就能减少。

其次，是否是因为依照过去的生产方式，畅销商品常出现缺货的情况，导致业务部门常态性的超额下单？避免之道或许可改为只针对已确定的订单进行生产的方式，或是对畅销商品采取分配的方式。

再次，目前的生产计划皆在一个多月前排定，使得订货至交货的生产准备期需要两个月，或许是业务部门预估销售数字的时间点通常提前许多的关系，导致预估数字难以精准。既然如此，倘若在一个月前以生产计划的大纲比照现状，把生产计划的细节留待实际生产的前夕再确定，那么业务部门提出的预估销售数字的精确度有望大幅提升，而最终滞销、库存的问题就能迎刃而解。

站在对方的立场思考，能让过去无法想象的假说得以成立。

假设自己是主管

假设你是主管，碰到问题时，会怎么做决策？要在脑中随时模拟这个想法。这种方法是学着思考在"如果换作是我"的情况下，会建立什么假说，做出什么判断。

假设竞争对手的新产品大卖，自家产品业绩下滑，主管做出了降价以刺激销售的决策。此时，应该试着想想"如果是我的话，会怎么办？"，是增加负责该产品的业务人员、增加拜访客户的次数、增加促销费用、提高广告刊登量，还是放弃该产品，把希望寄托于未来，将资源投注于新产品的开发？或者什么都不做？在选项这么多的情况下，如何从中进行选择，需要我们不断去思考。运用这种方法，会由实际成果告诉我们主管真正的选择是对是错。也就是说，起码能对主管的决策进行验证。换言之，就像为假说进行了一场实验。如果再发挥一点想象力，那么当初若按照自己的假说进行决策，其结果如何也能得到相当程度的验证。因此，这不仅是假说思考的训练，也可视为将来晋升主管的训练。

5.4 不要怕失败——提升智识韧性

创造性越高，失败率越高

建立假说绝非单纯之事，丰富而多样的经验非常重要。在商务经验尚浅的阶段，要大胆建立假说，万一错了就重新建立假说；如果看起来不错，则要让假说再进化。如此周而复始反复练习。若说资深企业管理顾问为何总能提出好的假说，是因为他们比新手顾问多思考了几百回合。话说回来，只要累积足够经验，就能做到吗？并不尽然。你得历经自己建立假说，结果时而成功、时而失败的过程。尤其是失败更具重大意义，人应该趁年轻多体会失败的滋味。

2005 年日本职业棒球总冠军千叶罗德海洋队的总教练巴比·瓦伦泰在他的著作《瓦伦泰的求胜语录》中有一句话："要超越平凡，唯有历经失败。"意思是说，人想要在某个领域茁壮成长，那么挑战过去未曾历经之事，甚至在力争上游的阶段遭遇失败乃是兵家常事。

刚开始建立假说的时候，提出错误的假说也是家常便饭。话说回来，如果因此就放弃建立假说，那么将无法提升假说思考能力。历经失败、屡败屡战，下一次提出的将是更棒的假说。

　　瓦伦泰总教练也说过："即使胜利擦身而过，也务必牢牢紧握教训。"这句话告诉我们，失败是最好的学习机会，千万不能轻易放过。

　　建立假说也是同样的道理。当你苦于无法建立好的假说时，正是探讨失败原因的好机会。失败乃成功之母，你提出的假说越是别具创见，越难以摆脱失败的可能性。

在智识层面不屈不挠、越挫越勇

　　从少量信息就能看出答案，我们不可能从一开始就对这种建立假说的技术运用自如。人往往受到失败的负面印象的影响，倾向于"逃避"。其实仔细想想，从失败中通常让人学到更多。总是打安全牌，沿用现有手法、复制过去经验的方式或许足够应对问题，然而，一旦企业的经营碰上全新的课题，恐怕只能竖起白旗。

　　所以，应该多体会失败的滋味。别害怕失败，要勇于建立假说，而后验证假说，求其进化，之后不断重复此过程。

　　一旦假说的精确度获得提升，解决问题的速度也会随之加快。在企业经营出现难题的那一瞬间，答案会不经意地从脑海中闪过。就如羽生善治在80种棋步当中，灵光一现随即锁定其中两三种一样。不过，别忘了灵感是无数经验堆积出来的。羽生善治第一次接触将棋是在小学一年级的时候。从此之后，他就像着了魔般一头钻进将棋的世界。小学六年级时，他考进日本将棋联盟的职业棋手培训机构——奖励会，那时候的他连走路都会在脑中浮现棋盘，不停想着下棋的事。不出三年，他就晋升到四段（职业棋手）。之后的二十多年，他每天面对棋盘，不曾间断。唯有历经无数次的假说验证过程，才足以激发电光石火的灵感。

一切都来自经验。累积第一线的工作经验，造就事半功倍的高工作品质，要达到如此的境界，务必好好锻炼假说思考能力。

不要因为自己的直觉不敏锐就轻易放弃。就算机会不大，只要你有足够的耐力与学习能力，经得起一次又一次建立假说、验证假说的过程，假说思考能力就一定会进步。BCG 有所谓"智识韧性"的说法，指在智识层面不屈不挠、坚持到底。有些人的智商非常高，可是只要别人多说几句，就耐不住性子，脾气爆发造成不可收拾的后果。相较之下，智商没那么高，但愿意一次又一次挑战困难、从中学习的人，才是最终获得成功的人。凭过去接触过数百位企业管理顾问的经验，我敢保证绝对错不了。

结　语

本书总结

本章总结了书中有关假说思考的重点。

假说的功效——加快工作速度、提高质量

首先谈谈第一个要点，即"假说的功效"。

若从个人层面说起，假说无疑能加快工作的上手速度。这与动作变快完全是两码事，是指对于企业经营中碰到的难题，能迅速看出问题本质、理出头绪。如前文所述，先锁定答案而后着手验证，在答案没有过度偏离的前提下，与没头没脑的调查及证明相较，速度会快上一大截。反之，工作多半都有明确的目标期限，从截止日反推回来，不难了解必须在哪一天之前发现问题，需何时完成证明，研拟解决方案的天数又有多少。若要依据排定的日程进行工作，那么效率最高者肯定是假说思考者，相信这一点各位已经了解。

假说思考的功效之二，在于提升工作质量。如果说工作等同于动作，那么所谓的速度加快往往意味着做事马马虎虎，未必与提升工作质量有关联。然而，工作除了动作以外，还包括决策这项重要因素。从提高决策质量的角度来说，假说思考具有举足轻重的地位。好处之一是，通过反复进行及早建立假说，而后加以

验证的过程，假说的精确度能够随之提升，错误概率随之降低。也就是说，决策的质量将获得提升。另一好处是，经常被迫在时间有限的情况下提出答案，久而久之会训练出在信息不足的阶段探讨问题的真正原因，并摸索出解决对策的能力。这就是将棋所说的"一眼看穿"，即在与他人面临同样现象、难题之际，能够比他们早一步做出正确解答。

再说到假说思考的特点，在做法上并不是用拼凑片段的方式去证明事物，而是一开始就从事物全貌切入，再视情况需要钻研细节或是进行证明。若能长期持续这种做法，必定能够大大增进全盘掌握事物的能力。

上述各点若能兼而有之，将培养出领导人不可或缺的预测未来的能力，即前瞻力；凭借少量信息进行决策的判断力，即决断力。

另外，假说思考对组织而言，也具有重要意义。

假说与验证若能为整体组织所共有，其效果将远远超过个人的学习。也就是说，企业组织的整体能力将有大幅成长。能否成为具有学习能力，也就是成长型的组织，将视假说与验证带来的学习成果能否为整体组织所共有而定。

其重点莫过于让整体组织了解假说思考的重要性。这样能让企业内部发展出通过假说进行讨论的企业文化，进而使假说思考根深蒂固。此后面临问题之际，就可以由搜集信息并分析、进行决策的组织，蜕变为先建立假说，一边实行一边进行验证，并摸索解决方案的组织。

过去，在研拟策略方面就会耗费整整六个月的时间，然后才开始验证，又在隔年四月起正式推动，这种慢条斯理的做法已不符合时代要求。既然企业决策如此讲求速度，那么假说思考的方式也可以说是顺应时代的产物。唯有成功转型的企业组织，才能在瞬息万变的经营环境中灵活应对，并维持领先地位。

再怎么感到奇怪，也要以结论为起点进行思考

第二个要点是，尽管在养成习惯之前，多半会对假说思考感到奇怪，可是不克服那种奇怪的感觉，就永远无法真正学会假说思考。这就好比牡蛎、纳豆之类外观不讨喜的食物，入口之前，让人不禁怀疑"这能吃吗？"，可一旦入口，才发现是人间美味。就是这种感觉。

总而言之，在信息明明还很有限的情况下，硬要做出结论，你若感到奇怪，是理所当然的。反倒是不感到奇怪的人，恐怕不是天才就是傻瓜。

如果无论如何也没办法接受我的说法，那么就沿用过去的方式，只要试着小范围采用假说思考就好。例如，按照过去的做法大量搜集信息，分析完毕之后提出结论。只是请你在着手工作之初，也就是开始搜集信息之前，先将当下想到的最佳答案写在便条纸上，然后等搜集到少量资料时，再把这个动作重复一次。只做到这样就好。当然，在信息那么少的情况下，要提出解答也不是件容易的事。你得靠头脑弥补残缺不全的信息片段，甚至有时

只能凭直觉判断。然后，在工作结束之后，请把你根据大量信息做出的结论与决策，和自己之前提出的结论对比一下。两者相去不远的事实肯定会让你大吃一惊。当然，错误的可能性也不小。多练习几次就会渐入佳境。

假说思考的好处还包括激发他人的想法。由于提出讨论时，信息尚未搜集完全，即便同在一个工作环境的同事，也可能感到讶异，甚至不以为然地反驳："这么说有何根据？"当然，说不定也有人佩服地说："原来如此。"反驳、共鸣、赞成、惊讶等种种反应成了想法创新的原动力。

由结论开始思考，不仅要克服自己内心的不适应，更要克服别人反驳、批评带来的不适感。因此，人往往倾向于分析或调查完所有情形之后再提出结论的穷尽式思考法。然而，正如我所强调的，穷尽式思考就像在走死胡同。反正都得遭受批评，不如早点接受批评，这样还能及早修正。等到工作都结束了，又接到重做的命令，岂不是更要命？既然如此，何不采用假说思考的方式，直接提出答案，然后做好接受批评的决心，甚至期待建设性的意见出现呢？就把分析当作用来证明假说的手段吧。

从失败中学习——万一错了，就从头再来

没有人从一开始就能将假说思考运用自如，即使是将棋棋王羽生善治也不例外。说得夸张一点，犹如乱枪打鸟，多试几次总会打中。运用假说思考的初期，每十次当中若能对一次已属难得。

当然，如果一次都没有，那也没办法，毕竟万事开头难。

说到诀窍，总而言之就是立足于少量信息的思考。各位可能都听腻了，不过我还是要强调，在我们认定信息越多越能做出好决策的前提下，不可能学会假说思考。凭借少量信息就能做出与大量搜集信息者同等级的推论或发现，这样的人会是最后的赢家。当别人还在忙于搜集信息时，他们要么已经开始深入钻研问题，要么已经着手研拟问题的解决方案了。

可想而知，刚起步时难免会错误百出，那也无妨，万一错了就从头再来。说不定你会觉得穷尽式思考后再行动的做法反而更快。这也没关系，因为反复进行穷尽式思考，只能让动作的速度加快，找寻答案的速度并未同步提升。而反复进行假说思考，不仅能加快找寻答案的速度，也将大幅提升答案的质量。

再者，或许你会担心将假说思考套用在重要的公事上，万一出错那还得了？如果有此顾虑，那么刚开始时，运用公事以外的事件训练即可，就如前文提到的情境式训练法。这样一来，就算失败再多次也不怕。

在前面的章节中出现过的日本足球代表队前总教练欧夫特，其著作当中也对前瞻力有所着墨，例如在路上看到牛群时，"一看到牛的脸，就要联想到牛尾巴的模样"。通常，我们看到牛的脸，不会知道牛尾巴的形状。当然，牛经过后，谁都能看出尾巴的样子。可是，若想当一个领导者，必得具备观其脸而知其尾的判断力。因此，必须仔细观察牛的长相，预测尾巴的样子。刚开始时多半都会猜错，随着看过的牛越来越多，归纳出脸和尾巴的相关性，最终将达到"观其脸而知其尾"的境界。这不正是假说与验证吗？

当然，重点不在能否精准预测牛尾巴的样子，我要强调的是，即便像这种大家以为不可能的事情，也能通过训练和努力办到。又或者可以解释为，这个例子在告诉我们，要像这样磨炼前瞻力。

对于前瞻力，大家普遍认为是少数特定人士与生俱来的能力。事实上，只要通过假说与验证的反复进行，你我都能拥有。

把身边的同事、主管、家人、朋友当作练习对象

尽管假说思考非常好用，试用在客户身上着实需要勇气，更何况，若不小心，恐怕将打破彼此的信赖关系。因此，我奉劝各位，先从身旁的人练起。就像拳击，大家不会一上来就从参加比赛开始，总要找到适合的练习对象，从对打练习开始一步一步来。

所谓身旁的人，具体来说包括同事、主管，以及工作以外的朋友或者家人。以同事、家人为对象的情况，除了能让假说易于进化，更重要的是，就算失败也不至于造成太大伤害。简单来说，就是把身旁的人当作建立假说、验证假说、发展假说之际的讨论对象。

例如，对于自己负责的某项工作，你可能对其问题的本质有自己的想法。这时候，凭一己之力搜集资料并加以证明当然是必

要的，而在那之前先听听同事的意见，就是最简单的做法。或许你得到的答案是"听起来还蛮有趣的"，又或者同事已经做过同一件事，而答案跟自己有出入。当然，不能因此就轻易放手，还是应该纳入参考。"这个想法还蛮有趣的，或许你还可以进一步这样推论！"如果，你得到这样的回应，那就是你赚到了。跟自己同在一个职场的人，应该会了解自己探讨的问题，起码也是一直看在眼里，因此他们的反应通常很有帮助。

在我还是个新手顾问的时代，受到了前辈非常多的关照，尤其要感谢当时担任经理的岛田隆，他向我力荐假说思考的好处。不管我的想法再怎么愚蠢，他都为我提出了许多宝贵意见。例如为何有此想法，反过来想是否应该如何如何，又或者要以什么分析来证明，等等。经过许多分析之后，当我觉得自己已得到某些证明而求教于他的时候，他也常常提醒我，着手分析之前务必先弄清楚自己要证明什么。

有些人会觉得提出自己还不成熟的想法会浪费对方的时间，心里很过意不去，这也是错误的想法。与其花许多时间之后才让组织发现错误，不如及早在众人的帮助之下修正错误，这对组织而言更有效率。既然彼此属于同一组织，理当协助对方验证假说，或在讨论时给予意见，互通有无。

再说朋友、家人。由于和他们完全没有业务上的利害关系，讨论起来最没有压力。当然，万一太过烦人可能会引起反感，还是应该善加运用假说思考。

避免见树不见林

如前文所述，假说思考不只能解决个别问题，更有助于勾勒问题全貌、整体架构。BCG 内部对"故事情节"一词的使用频率几乎和"你的假说是什么？"不相上下。

企业想要解决问题，必然得充分掌握事情全貌。不过，除此以外，对个别问题有正确认知、思考有效的解决方案也同等重要。就算已完全掌握整体的大方向，如果缺乏具体的解决方案，那么问题仍然无解。应该怎么安排两者的先后顺序？可想而知，对于阅读本书的读者来说，这不是什么难题。应该从事情全貌开始着手。

前文在提到重新检讨工作整体架构的时候，我已强调过，如果只凭少量信息就能掌握整体情况，那么工作效率将大为提升。首先，你会很清楚该做什么、证明什么、分析什么。而且，当多人共同分担工作时，只要把握好整体情况，对于自己负责的工作属于哪个部分、目标为何都将一清二楚。

一般而言，人总是倾向于逐一解决疑问，然后拼凑出完整的答案。然而，在真实的企业中，用这种做法永远找不到答案，或是找到答案之前，经营环境已经发生变化。因此，务必把事情全貌放在最前面，再思考如何解决个别问题。话说回来，让一个小职员成天想着全公司的经营课题，这确实不太合理。建议先从高自己一个层级的职位开始，彻底了解相关问题。如果你负责库存管理工作，那么就应该一并考量生产、供应、业务等相关环节，以勾勒事情全貌，然后再回归到库存的问题上。

习惯于一接到工作就马上动手的人，哪怕三十分钟也好，给自己一点时间想想整件事情。这样可以让人了解自己负责的业务属于哪一个环节，你会发现有时可以把先后顺序调动一下，甚至根本不需要做某些动作。举例来说，当你被分派了某种商品的促销工作，即拟定促销方案时，用不着一开始就大谈广告构想或是促销方法之类的问题。在那之前，不妨先思考本公司产品的主要客户群体在哪里，该借由什么物流管道把商品送到他们手中。再比如，哪一种促销方式最能切中目标客户群体的诉求等问题，以此建立你的假说。关于如何吸引目标客户群体，说不定你发展出来的假说会是以口碑营销取代大众媒体营销，同时将销售渠道限定于少数特定对象，如此才能创造最大成效。这么一来，电视广告、报纸广告都不用刊登了，构思广告创意的时间也可以省下来了。相较之下，这突显了选择销售渠道的重要性，而在构思促销策略之前，或许需要针对拓展渠道建立假说。

当然，在信息量少得可怜的情况下勾勒整体架构，多少让人感到痛苦，同时也在考验人的胆识。尽管如此，若想成为人上人，无论如何一定得学会。我很喜欢领导大师沃伦·本尼斯的一句话："经理人紧盯脚下，领导人则凝视地平线。"（The manager has his eye always on the bottom line; the leader has his eye on the horizon.）身为领导者，不该受眼前业绩牵绊而心思起伏不定，必须负起责任，把所有成员送往河流对岸。为达成使命，领导者必须具备察知未来的能力，以及满怀信心向前迈进的勇气。而其训练方式，就在于建立整体架构。

最后，期望各位一起加入这个行列，成为能够敏捷快速地解决问题的职场工作者。商务中关注的不是你做了多少工作，也不是你的调查分析有多么精确，重点是你能否在短时间内交出"好答案"，并立即付诸实践。经常处于必须限时得出答案的状况下，无疑能让人培养仅凭少量信息就能做出正确解答的过人胆识。因此，期待假说思考能对各位读者有所帮助。

后　记

我能否从任职企业管理顾问的经验中，以一句话总结职场工作者的成功关键？一直以来，针对这个问题，我给的答案都是"学习能力"。至于是哪一种学习能力，近来我可以非常确定地告诉你，是"建立好的假说，并加以验证的能力"。

日本人很善于解决已有了明确界定的问题，相形之下，自主提出问题的能力，或是发现问题的能力非常薄弱，这也成了日本职场工作者的一大弱点。为此现状提供对策，是我执笔创作本书的动机之一。

目标达成率有多少不得而知，至少我很骄傲能达到抛砖引玉的作用。

本书承蒙许多人士大力协助才得以完成。东洋经济新报社的黑坂浩一先生与知名的水资源专家桥本淳司先生，两位从企划之初至文章的推敲琢磨阶段，皆不吝给予指教。我所任教的青山学院大学国际企业管理研究所的研究生，以及早稻田大学商学研究所的研究生协助阅读初稿，并且给了相当多的建设性意见。再次向他们表达我的谢意。如果没有 BCG 的编辑满喜友子小姐与秘书阿部亚衣小姐的协助，本书将无法完成，在此深表感谢。另外，虽然我无法一一列出他们的大名，但还是要感谢 BCG 的各位合伙人以及顾问群，对于我不时突发奇想产生的假说给予诸多包容。本书得以出版，也多亏这一路以来的经验累积。

我能持续担任企业管理顾问长达二十年以上，正是因为有一群时时相互激发脑力的伙伴、严格要求的客户以及高挑战性的任务。我不禁感叹，在一路披荆斩棘，排除接踵而来的种种难题的过程中，宝贵的光阴竟然就这么悄悄地流逝了。

如果我说，希望各位和我秉持同样的心情，带着有如解答谜题的快感去面对企业经营的种种课题，恐怕有失庄重，可是这样不仅能有效提升工作质量，还能提高工作效率，堪称一举两得。

希望本书对于各位读者发现问题与解决问题的能力有所助益，本书也在此告一段落。

图书在版编目（ＣＩＰ）数据

波士顿咨询工作法. 精准预测答案 /（日）内田和成
著；林慧如译. -- 北京：中国友谊出版公司, 2022.7
ISBN 978-7-5057-5392-1

Ⅰ.①波… Ⅱ.①内… ②林… Ⅲ.①工作方法—通
俗读物 Ⅳ.①B026-49

中国版本图书馆CIP数据核字(2022)第022657号

著作权合同登记号　图字　01-2021-6627

书名	波士顿咨询工作法：精准预测答案
作者	[日] 内田和成
译者	林慧如
出版	中国友谊出版公司
发行	中国友谊出版公司
经销	新华书店
印刷	嘉业印刷（天津）有限公司
规格	889×1194 毫米　32开
	6印张　95.4千字
版次	2022年7月第1版
印次	2022年7月第1次印刷
书号	ISBN 978-7-5057-5392-1
定价	38.00元
地址	北京市朝阳区西坝河南里17号楼
邮编	100028
电话	（010）64678009